Buen Camino!
聖地サンティアゴ巡礼の旅 ポルトガルの道
YUKA

Prologue

ある日突然降りてきた閃き。

"Camino"

導かれるまま、ハートの声に従っていったその先に

今まで経験してきた旅とは
想像をはるかに超えた
壮大な『心の旅』が用意されていました。

中世から続くキリスト教の聖地を目指す巡礼の旅。

スピリットとつながる
"魂の道" "生まれ変わりの道"ともいわれるカミーノ。

『道という意味のカミーノは銀河の真下に横たわり
宇宙にある星々から流れる強力なエネルギーを反映している
レイ・ラインに沿っているといわれている。
人々がこの高い波動に触れると魂の記憶などが明確になり啓示が起こりやすく
今まで抑圧されていた意識的な気づきや情報が表面に現れてくるのだ』
by Shirley Maclaine

信じられないほど美しい景色の中
目の前の出来事をハートで感じて自分の心に寄りそう時間。

たくさんのメッセージとギフトを受けとり、感覚を磨きながら
自分の人生にとって本当に大切なものは何？
そんな問いの答えを丁寧に整理していく巡礼の旅。

Caminoはただ歩くための『道』ではなく
特別なパワーが宿る "キセキの道"

そんな不思議なカミーノへご案内します。

Buen Camino !

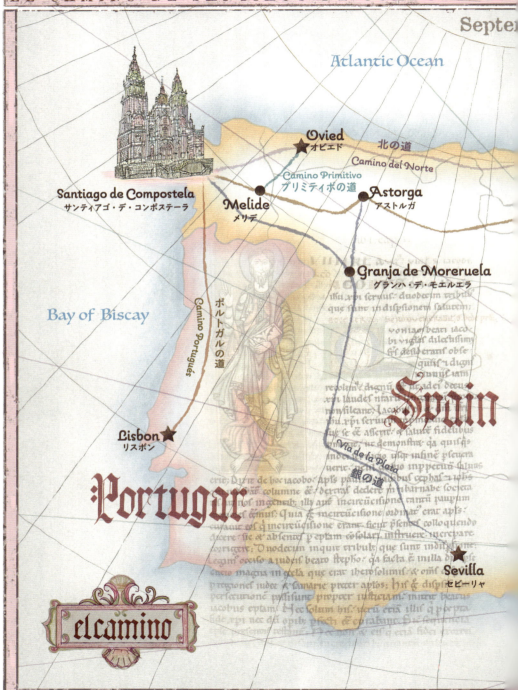

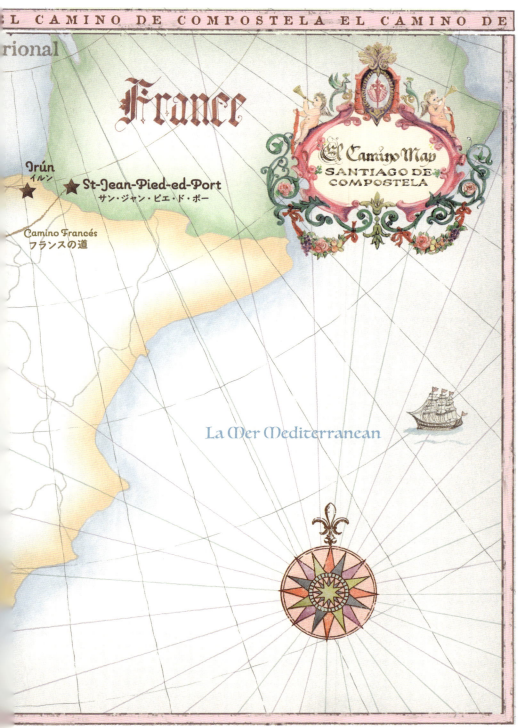

Contents

02　Prologue
04　Camino Map

09　**CHAPTER 1** 大人可愛い Camino 旅のヒント

10　Camino ♡ サンティアゴ巡礼
12　Camino ♡ 星の巡礼路
14　Camino ♡ 黄色いサイン
16　Camino ♡ クレデンシャル
18　Camino ♡ 巡礼ルーティン
20　Camino ♡ 巡礼宿アルベルゲ
22　Camino ♡ 持ち物リスト
24　Camino ♡ ポルトガルの道
26　CAMINO COLUMN　カミーノ巡礼でのヒント

27　**CHAPTER 2** 寄り道ポルトガル

28　トラムで旅する坂道の街 リスボン
30　教会巡りで神聖な時間を過ごす
32　レトロ可愛い紙モノ探し
34　アルファマで魂の歌ファドを聴く
36　宝石箱のように美しい王妃の村 オビドス
38　ごほうびポサーダ 城壁に囲まれた中世の古城ポサーダ
40　哀愁漂う魅惑の古都 コインブラ
42　ごほうび宮殿ホテル 神秘的な森の中に佇む壮麗な古城ホテル
44　PORTUGAL SOUVENIR
46　キャラメル色のレトロな港町 ポルト
48　とっておきのSHOPめぐり♡
50　街を彩るポルトガルのアズレージョ
52　Travel Column　レトロ可愛いポルトガルのおやつ

53	**CHAPTER 3** Camino Portugués ポルトガル
54	ノスタルジックな時が流れる ポルト
58	中世の面影を残す ギマランイシュ
62	ごほうびポサーダ 修道院の歴史を感じる極上の時間
64	CAMINO COLUMN ギマランイシュ刺繍
66	スピリチュアルな祈りの街 ブラガ
70	祈りの聖地 ボン・ジェズス・ド・モンテ聖域
72	CAMINO COLUMN ヴィラ・ヴェルデの刺繍工房
74	祈りの十字架祭とガロ伝説の街 バルセロス
78	ごほうびB&B 自然に囲まれたピースフルなリトリート時間
80	CAMINO COLUMN カミーノでしか買えない巡礼goods！
82	フォークロアと手仕事の街 ヴィアナ・ド・カステロ
88	ごほうびポサーダ 天使の絶景に恋するポサーダ
90	CAMINO COLUMN 恋人たちのハンカチ
92	中世巡礼路の聖地 ポンテ・デ・リマ
96	セントラルルート ポンテ・デ・リマ→ルビアンイス
97	セントラルルート ルビアンイス→ヴァレンサ
98	CAMINO COLUMN 歩いて国境を越える

99	**CHAPTER 4** Camino Portugués スペイン	
100	大聖堂に導かれる中世の街 トゥイ	
104	ごほうびパラドール 中世のお城で特別なひとときを過ごす	
106	CAMINO COLUMN おいしいカミーノ旅ごはん	
108	セントラルルート トゥイ→オ・ポリーニョ	
110	セントラルルート オ・ポリーニョ→アルカデ	
112	中世の巡礼路が残る美しい港町 アルカデ	
114	セントラルルート アルカデ→ポンテベドラ	
116	聖母ペレグリーナの祝福を受ける巡礼の街 ポンデペドラ	
120	ごほうびパラドール エレガントな中世の貴族の館で珠玉の滞在	
122	CAMINO COLUMN カミーノでの不思議なミラクル	
124	セントラルルート ポンテベドラ→カルダス・デ・レイス	
126	ローマ時代の温泉地 カルダス・デ・レイス	
128	セントラルルート カルダス・デ・レイス→パドロン	
130	星に導かれた聖ヤコブ伝説の地 パドロン	
132	ごほうびB&B 聖ヤコブの聖地でスピリチュアルな滞在	
134	CAMINO COLUMN 神秘のスピリチュアルルート	
136	スピリチュアルルート ポンテベドラ→コンバーロ	
138	心ときめくオレンジ色の港町 コンバーロ	
140	スピリチュアルルート コンバーロ→アルメンテイラ	
142	高い波動に包まれる アルメンテイラ	
144	スピリチュアルルート アルメンテイラ→ヴィラノヴァ・デ・アロウサ	
145	セントラルルート ヴィラノヴァ・デ・アロウサ→パドロン	
146	セントラルルート パドロン→サンティアゴ・デ・コンポステーラ	
148	祈りと感動の聖地！ サンティアゴ・デ・コンポステーラ	
152	巡礼の聖地でバル巡り	
154	ごほうびパラドール 聖地のエネルギーを感じる憧れのパラドール	
156	CAMINO COLUMN 巡礼の宝物コンポステーラ	
158	Epilogue	

CHAPTER 1

大人可愛いCamino
旅のヒント

CAMINO DE SANTIAGO

Camino ♡ サンティアゴ巡礼

ローマ・エルサレムと並ぶキリスト三大聖地のひとつ
スペインガリシア地方にあるサンティアゴ・デ・コンポステーラ。
イエスの12使徒のひとり聖ヤコブのお墓が
天使と星の導きで発見されたとされる聖地へと続く
1000年以上の歴史を持つ中世から続く世界遺産の巡礼路
カミーノ・デ・サンティアゴ。

通称"カミーノ"と呼ばれています。
カミーノとはスペイン語で「道」を意味する言葉。

奇跡の物語をきっかけに何世紀にもわたって
多くのキリスト教巡礼者が数か月、時には数年かけて
聖地を目指して祈り歩いた巡礼の道。

宗教的な意味を持つ道ですが現在はカトリックだけでなく
人生の振り返り・自分との対話・観光・スポーツ
ダイエット・瞑想・目標達成のためなど
様々な目的で世界中から旅人が訪れています。

Santiago de Compostela

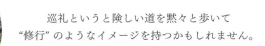

　　　　　巡礼というと険しい道を黙々と歩いて
　　　　"修行"のようなイメージを持つかもしれません。

　　　　重いバックパックを背負って毎日何十キロと歩くので
　　　　　　体力や精神的に多少のトラブルはありますが
　　　自然・出会い・食・文化・スピリチュアル全てがギュッとつまった
　　　　　普通の旅では絶対に味わうことのない唯一無二の旅。

　　　　　　徒歩だけでなく自転車や馬に乗って巡礼する人
　　　猫や犬、ベビーカーで赤ちゃんと一緒に巡礼している女性もいます。
　　　　　　世界中から来るさまざまな人生観・価値観を持つ
　　　　旅人たちとの出会いは新しい発見と気づきの連続になります。

　　　　歴史深い大聖堂や修道院など荘厳な宗教建築を訪れながら
　　　　　　　観光ではきっと訪れることのないような
　　　　　田舎の小さな村を歩いて旅するのもカミーノの魅力。

　　　　　　日常というマトリックスの世界をいったん切り離し
　　　神秘的な自然の中、全て空っぽにして自分と向き合うカミーノ。

　　　　木々のざわめき、小鳥たちのさえずり、輝く木漏れ日
　　道端に咲いている小さな花、森の香り、肌に触れる風、大地の息遣い
　　　地球からのギフトを五感をフルにハートで感じながら歩く旅。
　　　　　そこには自然と自分の心に向き合う時間ができます。

　　　　　　　　普通の旅とは違う経験をしたい。
　　　心の中にある本当に大切にしたいこと、魂のミッションはなに？
　　　　　　静かに自分と向き合って人生を振り返りたい。
　　　そんな時、カミーノは大きな答えをくれる道かもしれません。

　　　　　　　　　　Buen Camino！

黄色いサインを
辿っていく
ゲームのようなカミーノ！

CHAPTER 1　大人可愛いCamino旅のヒント　　*11*

CAMINO DE SANTIAGO

Camino ♡ 星の巡礼路

聖地サンティアゴへの巡礼路には様々なルートがあります。
ヨーロッパ全土に張り巡らされた美しいカミーノ。
どの道を歩くかで出会う人・景色・経験も変わってきます。
それぞれの道に良さがあり歩く距離も違います。
ここでは人気の5つのルートをご紹介します。

Route 1
フランスの道
Camino Francés 約765km

フランスとスペインの国境にある街サン・ジャン・ピエ・ド・ポーからスタートする巡礼路。パウロ・コエーリョの小説「星の巡礼」の舞台となったのもこのルートで、サンティアゴ巡礼の中で最も人気のあるルートです。全行程を一気に歩くとなれば最低で1か月はかかるため、1週間程度で完歩できる途中の街サリアからスタートしたり、全行程を数回に分けて歩くこともできます。標高1200mのピレネー山脈の峠越えや広大なメセタの景色、美しい村々を通り、道中は教会や修道院、標識やアルベルゲも充実しています。巡礼者の数も多く世界中からくる旅人との出会いも魅力のルートです。

Route 2
北の道
Camino del Norte 約820km

フランスとスペインの国境近くの街イルンからスタートする巡礼路。海を眺めながらバル巡りで人気のサンセバスティアン・カンタブリア州・アストゥリアス州・ガリシア州と進み、食文化の変化を楽しむことができます。古い街並みで美しいオビエドやアストゥリアスの山を眺めながら歩く、スペイン巡礼の中で最も景観の美しいルートとして人気です。ボートで川を渡ったりビーチで過ごしたり、シーフード料理、バル巡りをしながら巡礼の旅を楽しむことができるカミーノ。途中、起伏の多い山道などハードな箇所があり、ある程度の体力も必要になってきます。

Route 3
ポルトガルの道
Camino Portugués 約615km

ポルトガルの首都リスボンからスタートしスペインのガリシアに北上していく巡礼路。平坦な道が多くカミーノデビューにぴったりのルートです。ポルトガル内では、中央の道を歩くセントラルルート、海岸沿いを歩くコスタルート、聖ヤコブの遺体が通った道を体験できるスピリチュアルルートなどいくつかのルートに分かれていて選択肢が多いのも嬉しいところ。どのルートも前半はほぼポルトガル国内を歩くため、アズレージョの美しい建築や歴史ある教会や修道院など見所も満載。ポルトガルとスペインの2ヵ国たっぷりと楽しめる上、道中にあるポサダやパラドールに泊まることができるのも魅力のカミーノ。前半の道は巡礼者は少なめで静かに過ごせるのもポイント。

Route 4
銀の道
Via de la Plata 約1000km

スペインのアンダルシア地方の街セビージャからスタートする巡礼路。全サンティアゴ巡礼の中で最も距離の長いルート。セビージャからスペインを北上し歩くため、食や文化、景色の変化も楽しめるカミーノ。途中のカフェが少ないこと、南部の日差しがきついことなど少し注意も必要になってきます。アストルガでフランス人の道と合流し聖地を目指して歩きます。元は古代ローマで交易路「銀の道」がのちに巡礼路となったため、メリダのローマ橋やローマ時代の道標などを見かけることもあり歴史ある街並み、豊かな自然を歩くことができるのがポイント。

Route 5
プリミティボの道
Camino Primitivo 約370Km

この道は、9世紀に聖ヤコブの墓が発見され、当時のアストゥリアスのアルフォンソ2世がオビエドから巡礼をスタートし、サンティアゴ・デ・コンポステーラを目指しました。カミーノ最初の巡礼路となった道です。色々なルートの中でも最もハードなカミーノといわれていて、オビエドから世界遺産の城壁の街ルーゴまでは標高800m以上の険しい山間部をずっと歩くルートで体力も必要になってきます。その分、他では体験できない自然の美しさに出会うこともできるカミーノ。途中メリデでフランス人の道と合流しサンティアゴを目指します。

CHAPTER 1 ❊ 大人可愛いCamino旅のヒント　13

CAMINO YELLOW SIGNS
Camino♡ 黄色いサイン

ポルトガルやスペインの田舎道、山の中を歩く巡礼の旅。
土地勘のない田舎の村や山の中をどうやって歩くの？
そんな心配をよそに黄色い矢印と貝殻のサインに沿って進んで行けば
聖地サンティアゴ・デ・コンポステーラにたどり着くようになっています。
もちろんサインを見落とさなければの話ですが……。
まるでゲームの中の世界観！！！

ポルトで見つけたファーストサイン

Mojón！

Camino Hint

★青い矢印はサンティアゴ・デ・コンポステーラ
　から聖地ファティマを目指す巡礼路のサイン。
★ガリシアでよく見かける道標（モホン）には
　ゴールまでの距離が示されています。

巡礼者のイラストが可愛い

ホタテのサインも！

ゴールまでの距離が表示されているモホン
あと何キロ頑張ろう！と励みになる

柱、木の枝、ふと視線を落とすと道路にも黄色い矢印とホタテのマーク！
目立つものもあればかすれて見落としそうなものも
黄色いサインは不思議なパワーで巡礼者の心の支えになっています。
歩くのがキツくなってきた時この黄色い矢印を見つけると
不思議と応援されている気持ちになってパワーをもらえるのです。
しばらく矢印を見かけなくなった時は道に迷った証拠。
そんな時は矢印のあるところまで戻って軌道修正すれば大丈夫。
あれ？これってなんだか人生そのものじゃない？
ふとそんなことを思いながら歩いていました。
カミーノのことを全く知らなかった頃は
単なるペンキの落書きだろうと思っていた黄色いサイン。
それが今では大切なお守りのようなもの。
日本に帰国してから黄色い矢印を見つけるとワクワクしています。

街への距離がわかりやすい標識

ふたつに分かれる道の時は
ハートに従って進む

CHAPTER 1　❈　大人可愛いCamino旅のヒント　　15

CAMINO CREDENCIAL

Camino ♡ クレデンシャル

サンティアゴ巡礼のマストアイテム"クレデンシャル"。
巡礼者であることを証明するための巡礼パスポートのようなもの。
教会・宿やバルでスタンプを押してもらいます。
巡礼の記念になることはもちろんのこと
巡礼宿に泊まる際や巡礼証明書を発行する時の必須アイテム。
デザインも可愛くて思い出として集めるのが楽しみに。

日付を忘れずに！

Camino Hint
★雨で濡れないようにジップロックに入れておくと◯。
★日本デザインのクレデンシャルは
　カミーノ・デ・サンティアゴ友の会で購入可。
★国や教会によってデザインもいろいろ。
　お気に入りを見つけよう！

16

CREDENCIAL STAMPS

PILGRIM'S ROUTINE

Camino ♡ 巡礼ルーティン

巡礼は朝起きて歩いて食べて寝ての日々。
ここでは1日の巡礼ルーティンを紹介します。
心赴くままに自分らしいカミーノライフを楽しみましょう！

ねむいニャ〜

6:00 起床&準備

朝はストレッチとヨガでスタート！

6:30 朝食

オレンジジュースが美味しい！

今日も黄色いサインを追いかけてGO！

7:00 巡礼出発

朝のカミーノ最高！

9:00 自然の中を歩く

葡萄畑を眺めながら歩く歩く♪

Meditation Time...

ピン！ときた場所で瞑想

10:00 カフェで休憩

歩いているとあっという間にお腹がすいちゃう！

18

11:00 教会や修道院巡り

道中にはステキな教会や修道院がたくさん！心の赴くままに立ち寄って♡

スタンプも忘れずGet！

13:00 休憩Time

ボカディージョでランチタイム。

15:00 巡礼&街歩き

道中の小さな村ではステキなお祭りに遭遇することも

16:00 宿に到着

真っ先にシャワーを浴びて洗濯。スッキリ生き返る〜！

17:00 リラックスTime

巡礼後の一杯は最高！salud！

19:00 教会の巡礼ミサへ

ペレグリーノミサは心が洗われる特別な体験。荘厳なオルガン演奏が響き渡る神聖な祈りの時間は巡礼の醍醐味！

20:00 巡礼仲間とディナー

地元のオルガンコンサートへ♪

22:00 就寝

Camino Hint

★ゴールまでの道を全てハートで味わって楽しむのが心に残る巡礼旅の秘訣！

CHAPTER 1 ❀ 大人可愛いCamino旅のヒント　19

PILGRIM'S ALBERGUE
Camino ♡ 巡礼宿アルベルゲ

長い巡礼の旅で予算を抑えて宿泊できるアルベルゲ。
自治体の運営、個人経営、ゲストハウスやB&Bのような設備のところ
教会や修道院に宿泊し貴重な体験ができることもあります。
観光や寄り道をする場合はホテルやアルベルゲを組み合わせたり
快適な巡礼旅になるように工夫しましょう。

大部屋にベッドが並んで男女共用のところ。
２段ベッド、個室のあるアルベルゲなど様々。
騒音やイビキ、匂いなど気になる人は
個室のある宿が絶対におすすめ。
公営アルベルゲの料金は１０〜３０ユーロ。

キッチン・シャワー＆トイレは共用。
持参した食材で自炊ができたり
世界中からくる巡礼者と一緒に食事をしたり
人生について語り合ったり特別な体験ができるのも◯。

広いお庭やテラスなど共用スペースは
洗濯物を干したり巡礼者同士の憩いの場に。
巡礼の後、テラスで飲むビールは最高！

乾かない時は背中に干しながら巡礼をします！

洗濯機がついているところは手洗いしなくていいのでラッキー！
ドネーション制が多いです。

個人運営のアルベルゲは
オーナーお手製の料理でおもてなしが嬉しい。
皆で一緒に食べるスタイルのところもあります。
オーナー自身がカミーノ体験者であることもあり
愛にあふれたおもてなしでリラックスできる。

Camino Hint

★ゆっくり静かに過ごしたい人、ステキな村で観光も楽しみたい時はB&Bタイプがオススメ。
★巡礼路沿いにはステキなパラドールやポサーダがありご褒美ステイにぴったりです。
★巡礼路沿いのパラドールやホステルは宿泊者のほとんどが巡礼者。アルベルゲでなくても交流できます。
★アルベルゲは基本1泊しか宿泊できないので注意！

CHAPTER 1 ❀ 大人可愛いCamino旅のヒント　　21

CAMINO PACKING LIST

Camino ♡ 持ち物リスト

バックパックでの旅が初めてだったわたしは
あれもこれもと詰め込んで当初トータル15kgの重さに！
そんな重さを持って歩けるはずもなく……。カミーノ経験者の友人から
「荷物は体重の10分の1が理想、1gでも軽く、おしゃれはほどほどに」(笑)
とアドバイスをもらい、最終7kgまで減らしました。
持ち歩く水と行動食、カメラ機材をプラスしてトータル約10kg。
ここでは実際に持参してよかったものを紹介します。

- ☐ モンベル速乾ロングTシャツ
  日焼け防止に毎日使用
  洗ってもすぐ乾くし大活躍！
- ☐ 速乾半袖Tシャツ
  半袖だと日に焼けるため宿でパジャマがわりに
- ☐ UV薄手ロングパーカー
  肌寒い日や日焼け防止に重宝します
- ☐ レギンス
  パンツよりも歩きやすくて○
- ☐ 軽量パンツ
  宿でパジャマがわりに重宝します
- ☐ 薄手フリース
  朝晩冷える日にヘビロテします
- ☐ コンパクトライトダウン
  5月は朝晩の気温差もあり絶対に持っていくべき
- ☐ タオル地スカーフ
  汗を拭いたりUV対策に首に巻いて毎日大活躍

- ☐ トレッキング用靴下×2
  石畳みに厚手の靴下は助かります
  乾きにくいため予備必須
- ☐ レインポンチョ＆パンツ
  ポンチョはバックパックごとカバーできるので○
- ☐ UV手袋
  これをしていないと真っ黒になります
- ☐ ストック
  あると疲れにくいし歩きやすい
- ☐ 軽量ビーサン
  宿でスリッパがわりに大活躍！
- ☐ 軽量ワンピース×2
  女子なら必須♡観光や食事の時に大活躍
- ☐ 基礎化粧品
  乾燥するので美容液やクリーム、UVも必須
- ☐ カリマーバックパック40ℓ
  少し大きめ40ℓが出し入れしやすくおすすめ
  お気に入りカラーでテンションを上げるのも○

My Shell

ホタテはお気に入りの形を見つけてリュックにつけよう！

My Credencial

巡礼マストアイテムクレデンシャルスペインとポルトガルデザインの2冊

My shoes

コロンビアのトレッキングシューズしっかりしたソールがおすすめ

Camino ♡ ポルトガルの道

この本では数ある巡礼路の中から
私が実際に歩いて旅してきたポルトガルの道を紹介します。

セントラルルート・海岸ルート・ブラガルートなど
いくつかに分かれているポルトガルの道。
「静かに自分と向き合う時間が持てる」という噂どおり
4月末にスタートしたカミーノでは
ポルトガル国内で出会った巡礼者はとても少なく
そのため一緒になった人とは濃密な時間を過ごすことができました。
人が少ないので静かに巡礼できたのも良かったポイント。

スペインに入るとあふれるほど一気に巡礼者が増えて
カミーノってこんなにも賑やかなんだ！と驚いたくらいです。

ポルトガルの道、最大のおすすめポイントは
ポルトガルとスペインの両方で色々なルートが楽しめるということ。

ポルトガル国内では美しいアズレージョに彩られた建築、教会、修道院
葡萄畑など、どこを歩いていても絵になる風景が広がっています。
ポルトガルの食事はとてもおいしく日本人の口に合うのも嬉しいポイント。
スペインのガリシア地方に入れば気候も文化も景色もガラリと変わり
峠越えや自然の森の中を抜けるルートが多くなります。
緑豊かなガリシア地方の田舎の美しさに心も癒される時間です。

ポンテベドラの街からは
スピリチュアルルートという特別な道も存在します。
※スピリチュアルルートについてはP134/135で詳しくご紹介します。

Camino Hint

それぞれの道に推奨されている周り方などはありますが、歩く距離などとくに決まりごとはありません。ピン！ときた好きな街からスタートしたり、今日はこの街でゆっくりしたいなと思った場所で宿泊できます。セントラルを歩いていても、海沿いを歩きたくなれば海岸ルートに入ってみるとか、行ってみたいスポットがあれば寄り道をしてみたり自分のペースで自由にカスタマイズしながらオリジナルのカミーノを楽しみましょう。

どの道を歩く？

COAST WAY

ゆったりと海の景色を堪能したい人は…
海岸ルート

CENTRAL WAY

観光やアズレージョ建築も楽しみたい人は…
セントラルルート

SPIRITUAL WAY

自分とじっくり対話したい人は…
スピリチュアルルート

BRAGA WAY

荘厳な教会建築巡りや中世の街並みを歩きたい人は…
ブラガルート

GOAL

CHAPTER 1 ✳ 大人可愛いCamino旅のヒント　25

Camino Hint
カミーノ巡礼でのヒント

自分らしいカミーノを歩くために、旅への誓いやミッションを持つことで
巡礼の旅がより特別な"人生の宝物"になります。

01
カミーノでの
Bucket Listをつくる

カミーノ中にチャレンジしてみたいこと、自分の中でクリアにしたいことをノートにまとめておく。そうすることでたくさんのサインやチャンスが信じられないような形で目の前にギフトとして差し出されます。後で見返すと、自分でノートに書いておきながら信じられないほど全て叶って答えがでていることに驚きます。

02
ハート(スピリット)の
声にそって進む

カミーノを歩いていると道の選択をはじめ様々な選択を迫られます。もちろんどこにいても人生は選択の連続だけれどカミーノ中はひとつの選択をより静かに考えることができる気がします。「まぁこれでいいか」「みんながこっちにいくから私も」と流れではなく、自分のハートが感じるまま心の響く方にものごとを選択していきます。

03
目の前の出来事や景色を
ハートで味わい愛でる

日常の中ではあっという間に目の前を通り過ぎてゆく瞬間もカミーノではゆっくりと味わうことができます。自然の中でする瞑想やヨガ・グラウンディングもおすすめ。一瞬一瞬の美しさをいつもよりていねいに心で感じ、じっくりと味わうことで自然と感覚が冴え、感謝と喜びに包まれていきます。

04
周りと比べず
自分に集中する

巡礼中、色々な国の文化、考え方、たくさんの人と一緒になります。それぞれが違っていい。一期一会の出会いを大切にしながら、どの場面でもブレることなく他人の価値観に左右されない軸を持って自分の心地いいペースに集中すること。やりたいこと、いきたいところ、食べたいもひとつひとつをハートで感じ、自分の心と今に全集中します。

05
世界中のご縁ある人たちと
魂の再会を感じる

魂の再会ともいえる不思議なご縁の人たち。カミーノで会う人はピースフルで面白い人生を歩んでいる人が多く、自分の価値観を大きく広げてくれます。様々なバックグラウンドを持つ世界中の旅人との会話には、メッセージやヒントが隠されています。彼うとの会話をよく観察してメッセージを受け取ります。

06
アイデアや旅日記を
書き留めていく

目の前の出来事や会話から気づいたことや受け取ったメッセージ。カミーノ中、ふと降りてきたアイデアや心に浮かんだことを消してしまわないように、お気に入りのノートに記録していく。旅が終わって見返すと世界にたったひとつの大切な気づきノートの完成です。自分の"好き"と"嫌い"を発見することもできます。

CHAPTER 2

寄り道ポルトガル

✦ トラムで旅する坂道の街リスボン

LISBOA

首都リスボンはカラフルな建物が建ち並ぶ
ゆったりとした時間の流れる坂道の街。
穏やかな気候と素朴な人々の笑顔
のんびりとした旅を楽しむことができます。
カミーノを知る前は気づかなかったけれど
街のあちこちにカミーノの黄色いサインや
モホンが隠れている巡礼の地でもあり
教会など巡礼スポットが点在しています。
ローカルな雰囲気漂うアルファマ地区の
人気スポット、サンタ・ルチア展望台は
リスボン滞在中にぜひ訪れておきたい。
幻想的な風景と音楽がとても心地いい場所。
坂道に歩き疲れたらトラム28番に乗って
車窓からの旅を楽しむのもおすすめです。

人気のグロリア線ケーブルカー

アルファマ地区には可愛いカフェがいっぱい

Miradouro de Santa Luzia

サンタ・ルチア展望台から眺める感動の絶景！

黄色いトラムが駆け抜ける旧市街は
どこか懐かしさ漂うリスボンらしい風景。
バイロ・アルト地区のビッカ線
ロシオ駅近くのグロリア線は
ぜひ訪れておきたい人気のフォトスポット。
坂道をガタゴトと進むケーブルカーに乗って
まるで古い映画の中を旅している気分に。

Cute Pink Street

ブーゲンビリアと音楽のある街

CHAPTER 2 ❋ 寄り道ポルトガル 29

教会巡りで神聖な時間を過ごす
Heartful Meditation

カミーノ"ポルトガルの道"スタート地点のリスボンには
訪れておきたい美しい教会が多くあります。
巡礼を始める前にミサに参加したり
教会建築を見学しオルガンコンサートを聴いて
これから始まる壮大なカミーノに向け"どんな旅にするのか"
自分と向き合う時間を持つことをおすすめします。
カミーノでクリアにしたいこと、やりたいことを明確にしておくことで
巡礼の旅がより豊かなものになると思います。

1.リスボン大聖堂の美しいバラ窓
2.教会美術を見学するのもいい
3.ペレグリーノミサは巡礼者なら自由に参加可能
4.壮麗なパイプオルガンの演奏を聴きに行こう♪

Camino Hint

★ポルトガルデザインのクレデンシャルは
　リスボンの教会やアルベルゲで購入できます。

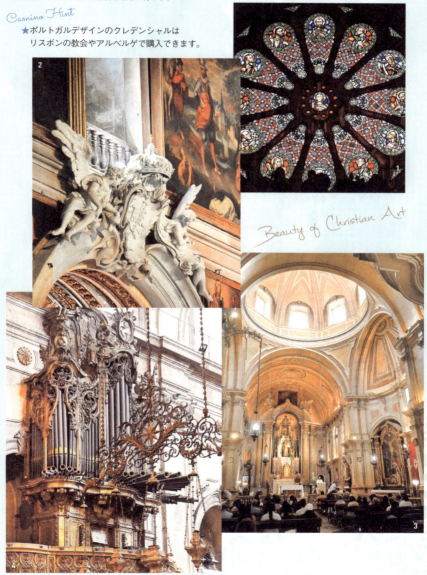

Beauty of Christian Art

CHAPTER 2 ❁ 寄り道ポルトガル　　31

旅先ではステキな紙モノを求めて
アンティーク書店を巡るのがルーティン。
リスボンで出会ったこちらのお店は
アンティークショップやアズレージョの工房が並ぶ
アレクリム通りにある1955年創業のアンティーク書店。

店内には16世紀から現代までの写本・絵画
心ときめく民族衣装の絵はがきや切手など
宝物のような紙モノが揃っています。
レトロな店内に入って真っ先に目を奪われるのは
カラフルなヴィンテージラベルのコーナー。
どれも可愛くてお土産にもぴったり。

SHOP INFO

Centro Antiquario do Alecrim
Rua do Alecrim 40/42
1200-018 Lisboa

CHAPTER 2 ❊ 寄り道ポルトガル　33

♪ アルファマで魂の歌ファドを聴く ♪
FADO PORTUGAL

ポルトガル旅の楽しみのひとつに
陽が落ちた後のFADO鑑賞があります。
ポルトガル人の想い、哀しみ、喜び、人生
サウダーデ(郷愁)を謳った民族歌謡"ファド"
Casa do Fadoと呼ばれるファドレストランで
ポルトガル料理やワインを楽しみながら
ファディスタの歌声とポルトガルギターの響き
本場のファドに心を揺さぶられる特別な時間を。
カサ・ド・ファドは色々な場所にありますが
本家はリスボンの下町「アルファマ地区」。
裏通りを歩けばどこからともなく哀愁漂う
ファディスタの歌声が聴こえてきます。
人気店に行く場合は早めの予約が必須です。

ポートワインを
飲みながら♪

Portuguese Saudade

| Recommend |

MUSEU DO FADO
ファド博物館

ファド発祥の地、アルファマ地区にはファド博物館があります。歴史を学べるだけでなく様々なファド音楽を聴くこともできます。併設のショップではCDなども豊富に揃います。

1. ピンクの建物が目印！
2. Fadoに使用される楽器の展示も

CHAPTER 2 ❖ 寄り道ポルトガル　15

宝石箱のように美しい王妃の村オビドス
ÓBIDOS

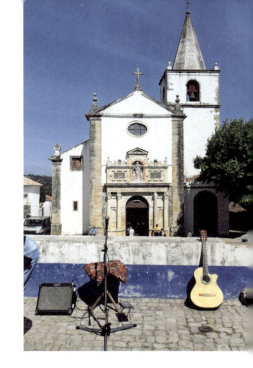

ポルトガルの最も美しい村のひとつオビドス。
この地を訪れその美しさに魅了された王妃に
ポルトガル王はこの村をプレゼントしたという
ロマンチックなエピソードがあります。
その後、500年近く「王妃の村」として
ポルトガルの人々に愛されてきました。
リスボンからはバスで1時間のショートトリップ。
豪華絢爛なアズレージョで彩られた中世の門
"ポルタ・ダ・ヴィラ"を通り抜け城壁の中へ。
通りにはオシャレなショップやカフェが並び
白壁の家々にブーゲンビリアや花々で彩られた
可愛いおとぎの世界が広がっています。
村をぐるりと囲んでいる城壁にも登って
宝石箱のように美しい村の絶景を楽しんで。

Porta da Vila

半日あれば一周できるこぢんまりとした村ですが
村の散策だけで日帰りするのはもったいない。
城壁内には古代ローマ時代に造られたという
古いお城を改装した古城ポサーダがあります。
観光客で賑わう昼間と違い静寂に包まれる村を
ゆっくりと堪能できるのは宿泊した者だけのご褒美。
散策とともに古城ステイをおすすめします。

名物のさくらんぼ酒
「ジンジャ」は小さな
チョコカップで♪

ブルーとホワイトが可愛い村

CHAPTER 2 寄り道ポルトガル 37

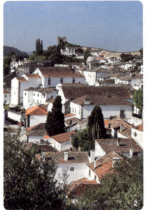

1.ブルー＆ホワイトのエントランスが迎えてくれる　2.ポサーダから眺めるおとぎの世界！

―― 城壁に囲まれた中世の古城ポサーダ ――

POUSADA CASTELO
ÓBIDOS

ポサーダ・カステロオビドス

おとぎの世界に迷い込む中世の村オビドスでは
ロマンチックな時間を過ごす古城ポサーダでの滞在がおすすめ。
1000年以上の歴史が受け継がれてきた建物と城壁からの景色は格別です。
お城の雰囲気を楽しみたい場合はタワー棟をリクエストしましょう。
専用テラスから城壁へと続く宿泊者だけの秘密の散策コースがあります。
城壁タワー内には3つのスイートと小さな5つのお部屋があり
おとぎ話へと誘う特別な時間が過ごせます。

3.窓を開けると目の前に城壁が見える　4.城壁の一部が残るタワー棟スイート　5.レストランからの眺めも素晴らしい！

Camino
ごほうび
ポサーダ

6. 厚な城壁の中にあるポサーダ
7. くつろぎ空間のラウンジスペース
8. アズレージョが美しいテーブル

Old Castle Pousada

各部屋には王様の名前がついています

9. 絶景を眺める席で朝食を
10. シックで落ち着いた書斎

CHAPTER 2　寄り道ポルトガル　39

✤ 哀愁漂う魅惑の古都コインブラ
COIMBRA

エキゾチックな雰囲気漂うポルトガル第3の都市。
ポルトガル最古のコインブラ大学があることで
伝統豊かな学生の街として人気の場所です。
美しい建築が並ぶ中世の街並みも見逃せません。
コインブラの学生たちは黒いマントを羽織り
古い映画の世界に迷い込んだような雰囲気。
男子学生たちが好きな女性に捧げたセレナーデは
この街でしか聞くことができない貴重な歌
「 コインブラファド 」として受け継がれています。
サンタクルスカフェでは毎晩ライブもあり
運が良ければ街中でライブに出会えるかも。

かぎ編みアートが美しい通り

壮麗な建築が並ぶポタジェ広場

Largo da Portagem

黄色い矢印はサンティアゴ・
デ・コンポステーラへ
青い矢印はファティマへの
巡礼路へと続きます。
巡礼の聖地コインブラでは
両方の矢印を発見できる。

路地裏散策が楽しい街

カミーノ "ポルトガルの道"
リスボンから歩く場合この街は重要な巡礼地。
サンティアゴから聖地ファティマへ向かう場合も
コインブラを通りカミーノを進めていきます。
旧カテドラルやサンタ・クルス修道院など
訪れておきたいスポットが点在しています。

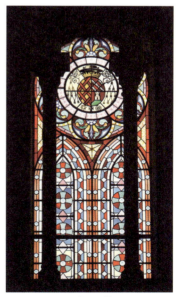

カラフルなステンドグラスが美しい

学生たちのコインブラファドの演奏♪

1.壮麗な装飾とアズレージョが出迎えてくれます　2.神聖な修道院だった面影が残る

神祕的な森の中に佇む壮麗な古城ホテル
PALACE HOTEL BUSSACO
パレスホテル・ブサコ

国立公園の深い森の中にある圧倒的な美しさのパレスホテル。
17世紀には神聖な場所として存在した修道院。
その場所にポルトガル王家の離宮として立てられたお城が
当時のままの姿を残し5つ星パレスホテルとして生まれ変わりました。
レース模様を施したようなネオ・マヌエル様式の壮麗な装飾
美しいシャンデリアと重厚な雰囲気に包まれるレストラン。
どこを取っても美しい中世のヨーロッパ！
隣接するサンタ・クルス修道院（博物館）もぜひ訪れてみて。

3.うっとりするほど美しい装飾　4.お姫様気分を楽しめるステキなスイート　5.建築様式を眺めているだけで感動

Camino

ごほうび
宮殿ホテル

Palace in the sacred forest

6. 森の中に突如現れる神秘的なパレスホテル・ブサコ
7. ディナーは雰囲気抜群の特別な空間で
8. アズレージョと真っ赤な絨毯にうっとり
9. レースのような装飾が美しい
10. ラウンジではオリジナルブサコワインを

静かな雰囲気のラウンジでくつろぎの時間を

ボクがお出迎え♪

CHAPTER 2 ❋ 寄り道ポルトガル 43

Azulejo Coaster

Lovers' Handkerchief

Potpurri

PORTUGAL SOUVENIR

ポルトガルのレトロなパッケージや手仕事など
キュートで可愛いお土産を集めました♪

Embroidery bookmark

Soap

CHAPTER 2 寄り道ポルトガル 45

✤ キャラメル色のレトロな港町ポルト
PORTO

レトロでノスタルジック雰囲気の古都ポルト。
華やかなリスボンの雰囲気とは対照的で
ポルト歴史地区には大航海時代の面影を残す
歴史ある教会や建築が多いのが印象的です。
絶景スポットのカイス・ダ・リベイラでは
カフェでくつろぐ人たちで賑わっています。
ポルトガルの甘いポートワインを楽しむなら
ドン・ルイス・1世橋を渡って対岸へ。
この橋から眺める景色が一番のおすすめ！
対岸のヴィラ・ノヴァ・デ・ガイアでは
歴史地区を眺めながらポートワイン飲み比べや
人気ワイナリー巡りを楽しめます。
街がライトアップされるサンセットの時間には
ドウロ川クルーズで街並みを堪能するのも○。

キャラメル色のトラムに乗って

世界で最も美しい駅と称されるサンベント駅。
一面アズレージョに覆われたアルマス聖堂や
内部の装飾も圧巻のイルデフォンソ教会など
ポルトガルタイルで彩られた街並みが美しい。
荘厳なポルト大聖堂のアズレージョの回廊は
滞在中ぜひ訪れておきたい場所のひとつです。
サンティアゴ巡礼の地でもあるこの街には
いたるところにカミーノサインが隠れています。
街歩きで宝探しのように見つけるのも楽しい。
サインに沿って進むと大聖堂へたどり着きます。

Igreja Santo Ildefonso

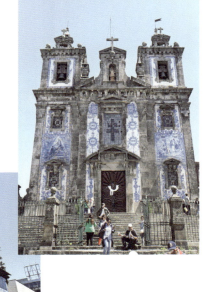

とっておきのSHOPめぐり♡

ポルトガルといえばレトロ可愛い雑貨がいっぱい
とっておきのお店にご案内します。

CASTELBEL PALÁCIO DAS ARTES
R. de Ferreira Borges, 4050-018 Porto

ポルトガルの石鹸といえばパッケージの可愛さが人気です。カステルベルのソープは全て手作業で作られていて天然の香りがステキ！ポルトガル国内のポサーダのアメニティとしても使われています。キャンドルやルームフレグランス・ボディケア製品は贈り物にもぴったり。

A VIDA PORTUGUESA
Praça de Almeida Garrett Porto

ポルトサンベント駅の南棟にあるタイムアウトマーケットの人気店。ピンクの可愛い店内にはポルトガルらしい雑貨がいっぱい。インテリア、ステーショナリー、バスグッズから食料品までキュートなパッケージに心を奪われます。

LIVRARIA CHAMINE DA MOTA
Rua das Flores, nº 28 4050-262 Porto

フローレンス通りに面するレトロな書店。本好きにはたまらないコレクションが4つのフロアに展示されています。ヴィンテージ書籍、楽譜や切手アンティークの紙モノなどもあり時間を忘れてしまいそうな隠れ家のような本屋さん。

CHAPTER 2 ❊ 寄り道ポルトガル

in Portugal
AZULEJO ART

街を彩るポルトガルのアズレージョ

ポルトガルの美しい伝統工芸 "アズレージョ"。
街角では様々なタイルアートに出会います。
貴族の生活やお祭り・宗教画・標識など
ひとつひとつに物語があります。
宝探しのように街歩きをしてみると面白いです。
リスボンにはアズレージョ美術館があり
作品の歴史を学ぶことができます。

Sao Bento Station

Capela das Almas

CHAPTER 2 ❀ 寄り道ポルトガル　51

PORUTUGAL SWEETS
レトロ可愛いポルトガルのおやつ

ポルトガルのスィーツといえば日本でもおなじみのカステラやエッグタルト。
卵をたっぷりと使ったスィーツが多いのが特徴です。
素朴な味とたまご色の見た目もキュート。
どこか懐かしい遠い記憶のおやつ時間を思い出します。

BOLO DE ARROZ

ボロ・デ・アロース
ポルトガルのマフィンは材料に米粉が使われていてあっさりと軽い食感。甘さは控えめでバターの風味がしっかりとあります。ほろほろだけどしっとりとした食感。あたたかいカフェオレと一緒にどうぞ♡

PASTEL DE NATA

パステル・デ・ナタ
ポルトガルの定番スイーツといえばコレ。日本でいうところのエッグタルトのこと。今まで食べてきたエッグタルトはなんだったんだ？と思うほどパリパリの生地にとろっとろのクリームで最高に美味しい！3つくらいは軽くいけちゃいます。

PAO DE LO

パン・デ・ロー
日本でもおなじみ、ポルトガル発祥のカステラ。日本のものとは少し違っていて、とろりとした半熟の食感がポルトガル風。卵黄の風味たっぷり！濃厚クリーミィでとろける口どけがクセになります。

CHAPTER 3

Camino Portugués
ポルトガル

✤ ノスタルジックな時が流れるポルト
PORTO

初めての巡礼旅はこの街からスタートしました。
ポルトからはいくつかの道に分かれていますが
今回はメインのセントラルルートを歩きます。
緊張とワクワクを背負って最初に向かったのは
カミーノ "ポルトガルの道" スタート地点
ポルト最古のカテドラル、ポルト大聖堂。
美しい旧市街を見下ろすように高台に建つ
オレンジ色の絶景が広がる人気スポットです。
アズレージョに彩られた荘厳なカテドラルでは
この場所へ来ることができたことへの感謝と
巡礼の挨拶をしクレデンシャルに日付を入れ
ひとつ目の巡礼スタンプを押してもらいます。
観光では訪れることのない村をいくつも越え
森を抜け、美しい教会や修道院に立ち寄りながら
静かな聖地巡礼の旅 "カミーノ" が始まります。

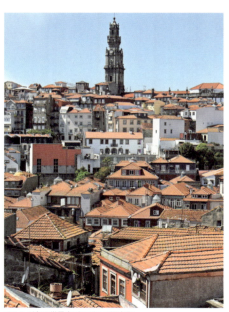

オレンジ色の世界広がるポルト旧市街

スタートのカテドラル前でモホンを発見

壁一面の美しいアズレージョで覆われた感動の回廊！ゆっくり時間をとって訪れてみて

ヴァレンティン・デ・アルメイダ作のアズレージョ

スタンプを集めるのも楽しい！

受付でスタンプをもらって巡礼スタート！

CHAPTER 3 ❋ Camino Português ポルトガル　55

Camino Portugués
HISTORIC CHURCH

Igreja Paroquial de São Nicolau
パロキアル・デ・サン・ニコラウ教会

サンフランシスコ教会の向かいにある青いアズレージョで覆われた小さな教会。街の中心エリアにあるけれど観光客が少なく静かに過ごせる穴場的な教会。

Igreja dos Clérigos
クレゴリス教会

重厚な外観ですが内部は淡いピンク色の装飾が優美な雰囲気の教会。225段の塔があり、ここから眺めるポルトの絶景は必見！

Sé do Porto
ポルト大聖堂

ポルト最古のカテドラル。滞在中必ず訪れておきたい巡礼スポットです。ロマネスク様式で建てられた大聖堂は歴史とともに様々な建築様式が混在しているのが特徴。ヴァレンティン・デ・アルメイダによる美しいアズレージョ装飾の回廊は必見。

The Pilgrim's Way

Capela das Almas
アルマス聖堂

遠くからでも目立つ外壁の壮麗なアズレージョ！360㎡の壁を彩っているのは15947枚のアズレージョタイル。教会内部のアズレージョも必見！

エドアルド・レイテ作のアズレージョが美しい！

CHAPTER 3　Camino Português　ポルトガル

中世の面影を残すギマランイシュ
Guimarães

ミーニョ地方にある世界遺産の古都ギマランイシュ。
セントラルルートから少し外れることになりますが
この街には中世の面影を残す美しい教会があります。
ブラガへの巡礼途中にぜひ立ち寄ってみてください。
古くから受け継がれている手仕事でも有名な街で
"ギマランイシュ刺繍"発祥の地として人気です。
多くの史跡が残るおとぎの世界広がる旧市街には
ギマランイシュ刺繍のセレクトショップが点在。
手しごとが好きな人におすすめしたい街です。
ポルトガルの歴史的建造物を改修し当時の面影を
そのままに滞在できる修道院ポサーダもあります。
教会巡りと街歩きを楽しんだら丘の上のポサーダへ。
巡礼の疲れを癒す極上の時間が迎えてくれます。

教会では荘厳なオルガン演奏を♪

古い街並みには絵本の中の世界が広がる

広場で巡礼の
シンボル
ホタテを発見!

Largo da Oliveira

オリベイラ広場にはカフェが立ち並び賑やかな雰囲気

CHAPTER 3 ❋ Camino Português ポルトガル 59

Camino Português
HISTORIC CHURCH

Igreja Nossa Senhora da Oliveira
ノッサ・セニョーラ・ダ・オリベイラ教会

広場に面している壮観な建築の教会。神聖な礼拝の場としてだけでなく内部に展示されている絵画や彫刻もとても美しい。荘厳なパイプオルガンがありタイミングが合えばオルガン演奏を聴けることも。

Basilica de Sao Pedro
サンペドロバシリカ教会

エメラルドグリーンの祭壇が美しいトラウル広場にある小さな教会。ここの巡礼スタンプがとても可愛いので巡礼中ぜひ立ち寄ってみて。

60

Igreja da Misericordia
ミゼリコルディア教会

ギマランイシュ旧市街の中心にある荘厳な石造りの教会。重厚な祭壇や楽器のレリーフ装飾など細部まで美しい。静かで落ち着いた空間で展示されている絵画などもゆっくりと見学したい場所。

Igreja Santa Marinha Da Costa
サンタマリーニャ・ダ・コスタ教会

丘の上にあるポサーダの隣に位置する美しい教会。内部は重厚な雰囲気で静かに心を落ち着かせることができます。美しい彫刻や祭壇なども必見！

1. 心地いい雰囲気のラウンジスペース　2. 中世から続く教会の鐘の音に酔いしれる回廊

― 修道院の歴史を感じる極上の時間 ―

POUSADA MOSTEIRO DE GUIMARAES
ポサーダ・モステイロ・デ・ギマランイシュ

ギマランイシュの丘の上に建つポサーダは、12世紀に修道院だった場所。
ポサーダはポルトガル各地にあるけれどここの雰囲気は格別！
風格がある世界遺産の建物の中はまるで美術館のよう。
部屋へと続く長い廊下には真っ赤な絨毯が設えられ
アズレージョが散りばめられた回廊や噴水の音が心地いいテラスなど
どこをとっても絵になる静かな空間が広がっています。
「貴重な空間に身を置いている」宝物のような時間を楽しんで。

3. 赤い絨毯が続く廊下の先は美しいテラスへと続く　4. 落ち着けるクラッシックなインテリア　5. 朝食にはポルトガル名物料理も並ぶ

Camino ごほうび ポサーダ

Private Breakfast Room

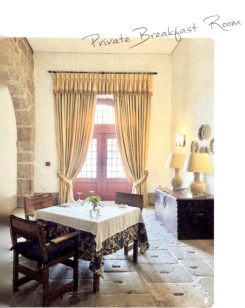

6. かつて修道院だった面影が残るエントランス
7. 静かな時間が流れるパティオは瞑想Timeにぴったり
8. 格別の雰囲気の中、日記を書いたり自分時間を楽しんで

どこを撮っても絵になる空間!

9. いたるところに美しいアズレージョ!
10. 美術館のような広間には存在感のあるポルトガル王の肖像画

CHAPTER 3 ❀ Camino Português ポルトガル 63

～ポルトガルの手仕事を探して～
ギマランイシュ刺繍

中世の面影が色濃く残る街ギマランイシュには
うっとりするほどステキな伝統工芸のギマランイシュ刺繍があります。
白地のリネン生地に赤、青、グレーなど単色の糸でデザインされた刺繍は
花や人物、唐草模様などのモチーフがイキイキとした表情で可愛い。
ポエムや民族衣装など珍しいデザインもおすすめです。
旧市街にはギマランイシュ刺繍のお店が点在し
巾着やコースター・しおりなど軽くて可愛いお土産が揃います。

Guimarães Embroidery

Recommend Shop

LOJA OFICINA
R. Rainha Dona Maria II 134

旧市街にあるお店の中でもここは上質なギマランイシュ刺繍が揃います。
2階はギャラリー兼アトリエサロンになっていて様々なコレクションの
見学や事前に予約をすれば職人による刺繍体験も受けることができます。

CHAPTER 3 ❁ Camino Portugués ポルトガル

✤ スピリチュアルな祈りの街ブラガ
BRAGA

ギマランイシュからブラガへは国道や野道を20kmほど。
カフェなどに困ることもなく比較的平坦なカミーノが続きます。
ブラガは中世の時代から『巡礼の聖地』として重要な街。
「ポルトは働き、リスボンは楽しみ、コインブラは学び
ブラガは祈りの街である。」その言葉通りこの街には
聖地ボン・ジェズスを筆頭にカテドラルや教会が86か所も
点在しています。教会の鐘の音と祈りが流れ神聖な雰囲気に
包まれたスピリチュアルな時間が過ごせるのが魅力の街。
静かに自分と向き合いたい時にはこの街でゆっくりと滞在し
教会やバロック建築巡りを楽しむのもおすすめです。

Largo Carlos Amarante

カラフルで可愛い建物が並ぶ旧市街

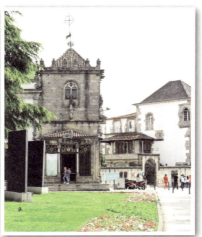
16世紀に建てられたマヌエル様式のコインブラス礼拝堂

中世の街に響くギターの旋律♪

ライトアップされた旧市街も美しい

CHAPTER 3 ✹ Camino Português ポルトガル　67

Camino Português
HISTORIC CHURCH

Sé do Braga
ブラガ大聖堂

厳かな雰囲気に圧倒されるポルトガル最古のカテドラル。なんども増改築を繰り返しているため、ロマネスクからバロックまで様々な建築様式を見ることができるのが特徴です。最大の見どころは、1730年に彫刻家マルセリアーノ・デ・アラウージョによって製作された2台の木製オルガン。バロック様式の豪華絢爛なオルガンは必見！美術館も併設されているので、時間をとって心ゆくまで歴史と美を堪能したい場所。

Capela Casa dos Coimbras
コインブラス礼拝堂

大聖堂から数分の場所に位置するブラガ最古のチャペル。マヌエル様式が美しい小さなチャペルにはアズレージョが散りばめられ静かで落ち着ける空間になっています。塔にも登ることができ市内を一望できます。

| Recommend |

Casa dos coimbras
コインブラス礼拝堂内に併設されたカフェ。教会の鐘の音を聞きながらボリューム満点の朝食が楽しめます。おすすめはテラス席。気持ちのいい風を感じながらいただく朝食は最高の旅時間♪

※ 祈りの聖地ボン・ジェズス・ド・モンテ聖域

Sanctuary of Bom Jesus

祈りの街ブラガ郊外にある巡礼の聖地"ボン・ジェズス・ド・モンテ聖域"。
カミーノ巡礼でポルトガルの道を歩くなら必ず訪れておきたい世界遺産のひとつです。
丘の上に建てられたボン・ジェズス教会を目指し585段の階段で十字架の道が続き
敬虔な巡礼者たちは膝をついて祈りを唱えながらこの階段をのぼり巡礼します。
キリスト受難を物語る礼拝堂、聖書が再現された絵画や彫像など
随所に重要な教会美術があり神聖な雰囲気の中、巡礼を進めていきます。
階段をのぼりきるとそこにはご褒美のような絶景パノラマが広がっています。

神聖な空気を感じながら一段ずつのぼっていこう

聖書などが刻まれたレリーフも必見！

階段には預言者たちの石像が並んでいます

70

Largo do Moses

美しいモーゼス広場にあるボン・ジェズス教会

キリスト受難を再現した祭壇

美しい
アズレージョ！

建築家カルロス・アマランテによって建てられた教会は荘厳な雰囲気

| Recommend |

ポルトガル最古の ケーブルカー
Elevador do Bom Jesus

500段の階段をのぼるのがきつい場合は
レトロなケーブルカーに乗って教会へ。
水力稼働するポルトガル最古のケーブルカー。
清々しい風を感じながら森林浴も楽しめる
緑の中のショートトリップを楽しんで。

CHAPTER 3 ❊ Camino Português ポルトガル　71

〜ポルトガルの手仕事を探して〜
ヴィラ・ヴェルデの刺繍工房

旅先ではその国の伝統的な民族衣装や刺繍を見るのが好きで
気に入った作品を見つけると作家さんを探して会いに行くこともしばしば。
今回の巡礼中も博物館や工房を見つけて訪れてきました。
巡礼の地ブラガの街から15分ほど車を走らせてやってきたのは
素朴な田園地帯にある手仕事の村ヴィラ・ヴェルデ。
村にはポルトガル伝統刺繍の工房やショップが数軒あります。
めずらしいデザインやアンティーク刺繍など
この小さな村で思いがけないステキな出会いが待っていました。

手しごとでの刺繍製品はどれも一点もの

私が訪れた工房では制作した作品を見ながら
作家さんから直接お話を伺うことができます。
「刺し方を見たら誰の作品かすぐわかるわ」
作家さんたちの賑やかな作業風景も見学。
刺繍好きにはご褒美のような時間でした。

Espaço Namorar Portugal
Av.Dr.Bernardo Brito Ferreira,
4730-180 Vila Velde

72

Embroidery Process

1 定番のハトのモチーフは人気デザイン

2 布に青インクで図案を写します

3 カラフルなウールの刺繍糸を使って

4 ひと針ひと針手作業で縫っていきます

5 完成はお花畑のような美しさ

細部まで
細かな作業

CHAPTER 3 ❈ Camino Português ポルトガル　73

✧ 祈りの十字架祭とガロ伝説の街バルセロス
BARCELOS

ポルトガルのセントラルルートで通る小さな街。
私が訪れた時は大雨で一泊することになったけど
偶然にも毎年5月に開催される美しい十字架祭に遭遇！
1504年の奇跡の十字架伝説を記念するお祭りで
何百という十字架が並ぶ光景は心震える体験でした。
巡礼中タイミングが合えばぜひ見学してみてください。
この街はポルトガルのお土産"ガロ"発祥の地としても
有名で大小様々なガロがあちこちに置かれています。
教会巡りと合わせて可愛い街歩きを楽しむのも◯。
街の中心には充実したスポーツショップもあり
カミーノ中に足りないものはこの街で購入できます。

のどかな街はお祭りムード一色に

クロセイロのパレードは感動！

Festa Das Cruzes

地元の人は赤い布を吊るすのが習わし

パレードのスタートはマトリス教会から

十字架祭りの準備中

CHAPTER 3 ❊ Camino Português ポルトガル　75

Camino Português
HISTORIC CHURCH

Igreja Matriz de Santa Maria Maior
マトリス教会

バルセロスの橋を渡ってすぐ旧市街にあるロマネスクとゴシック様式が混ざる壮麗なマトリス教会。聖母マリアのバルセロス教会ともいわれている。内部は一面豪華なアズレージョ装飾で暗めの照明が静けさを演出している。美しいバラ窓から差し込む光に包まれる空間で静かに心と向き合うことができます。

Igreja do S. Bom Jesus da Crus
ボン・ジェズス・ダ・クルス教会

バルセロスの街の中心レプリカ広場に位置するバロック様式の荘厳な教会。美しい内部はまるで美術館。オルガンだけでもみる価値がある。1504年に黒い十字架が地面の上に現れたという場所に建てられた教会で十字架の軌跡の場所としてクロセイロ祭りが始まった重要な場所。

CHAPTER 3 ❊ Camino Português ポルトガル　77

1.あざやかなブルーのドアがお出迎え　2.山小屋のようなステキなダイニング

――― 自然に囲まれたピースフルなリトリート時間 ―――

QUINTA DA CANCELA
クインタ・ダ・カンセーラ

カミーノポルトガルの道にあるバルガエス村のB&B。
ポンテデリマやヴィアナドカステロへの途中に宿泊するのにちょうどいい。
葡萄畑や緑に囲まれた自然豊かな環境と庭園が魅力で
広大なガーデンではバーベキューやヨガを楽しむリラックスした滞在ができます。
辺りには散策するのにちょうどいい農村と美しい自然が広がっています。
カミーノの途中に洗濯も可能で（1回10ユーロ）長旅の休息にもおすすめです。
山小屋風ダイニングでいただくのはオーナー手作りの素朴なメニュー。
温かな雰囲気の中他の巡礼者との憩いの場になっています。
焼きたてのパンや手作りの朝食はカミーノへの活力に。

3.緑あふれるガーデン　4.焼き立てホカホカのパンが美味しい！　5.可愛い個室も完備

Camino
ごほうび
B&B

Retreat time in nature

6.絵本の中にでてきそうなお家
7.レトロなピアノがある部屋
8.たわわに実るレモンの木

窓の外は緑あふれる絶景♪

9.石造りのステキな農家のB&B
10.可愛いインテリアの個

CHAPTER 3 ❄ Camino Português ポルトガル　79

カミーノでしか買えない巡礼goods!
CAMINO SOUVENIR

巡礼の途中で見つけたKawaii♡
Camino記念にスピリチュアルな浄化グッズや
連れて帰りたいお土産たちをご紹介♪

Sesshell goods
カミーノシンボル貝殻グッズ
ホタテのモチーフを見つけると
つい集めたくなる

Camino Mohon
道中のお守りだったモホン
家でもお守りがわりに♪

Camino Pin Badge
カミーノデザインのピンバッジ
いろいろコレクションしたくなる

Incense
サンティアゴで見つけたお香
左.アヴェ・マリアの香り　右.エルサレムの香り
部屋に飾っておいてもステキ♡

T-shirt
カミーノデザインのTシャツ
次のカミーノを歩くとき着ようかな？

Camino Sign
ポルトガルの道の標識
これでわが家も巡礼スポットに？！

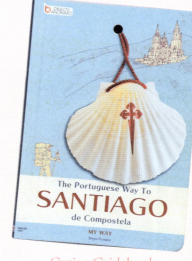

Camino patch
カミーノデザインのワッペン
バックパックに付けて歩こう！

Camino Guidebook
ポルトガルで見つけた現地ガイドブック
ホタテの表紙が可愛い♡

Codex Calixtinus
カリクストゥス写本
分厚い中世のカミーノ巡礼ガイド本！

500ページの
読み応えのある資料！

Camino Magnet
標識のマグネット
これを見たら歩きたくなるかも？

ミルラやフランキンセンス
香りを楽しんで♪

Botafumeiro Incense
大聖堂ボタフメイロのお香
神聖な儀式の香りをわが家でも♪

CHAPTER 3 ❃ Camino Português ポルトガル　　81

✤ フォークロアと手仕事の街ヴィアナ・ド・カステロ

Viana do Castelo

ポルトガルの道"海岸ルート"にある港町。
春はカラフルな花で彩られた街並みが可愛い。
毎年8月には民族衣装で着飾った人々で賑わう
"ロマリア祭り"が開催されるということもあり
旧市街にはフォークロアやハンドメイド雑貨など
目移りするほど可愛いショップが点在します。
美しい民族衣装博物館やステキな教会も多く
たくさんの見所がギュッとつまった美しい街。
大聖堂のあるサンタ・ルチアの丘の上には
感動の絶景が楽しめる宮殿ポサーダがあります。
巡礼の合間のひと休みに絶好の場所。
"セントラルルート"から少し寄り道して
そんな手仕事の街を散策するのはいかが？
この街からは海岸ルートを北上して進むことも
セントラルルートに戻ることもできます。

ポルトガルのキュートなポスト♡

丘の上にそびえるサンタルチア大聖堂

Embroidery box

Lovers' handkerchief

Recommend

SANDORA

フォークロア雑貨や刺繍雑貨を見つけるならこちらのお店。お土産にぴったりの小物から恋人たちのハンカチーフも様々な種類が揃っています。

Folklore goods

Praça da República

CHAPTER 3 ❋ Camino Português ポルトガル　83

Camino Português
HISTORIC CHURCH

Monte de Santa Luzia
サンタ・ルチア大聖堂

標高249mサンタ・ルチアの丘にこの街のシンボル的存在として鎮座する大聖堂。パステル調の聖堂内はたくさんの天使たちが舞う壮麗な雰囲気に包まれます。訪れた教会の中でも格別明るいエネルギーをまとっていて、ルチアの名前通り"キラキラとした光に包まれる"神聖な時間が過ごせる場所。聖堂前の展望テラスから眺める幻想的な絶景も素晴らしい。サンタ・ルチアの丘へは地上からエレベーターに乗ると直通で行くことができます。

Igreja de Nossa Senhora da Agonia
聖アゴニア教会

虹のゲートが出迎えてくれるバロック様式の教会。街の中心からは少し離れた場所にありますが、漁師たちの一年の安全を祈る「ロマリア祭り」の聖地として有名な場所で、8月のお祭りには多くの巡礼者で賑わいます。普段は静かで厳かな雰囲気につつまれています。豪華絢爛な金箔で覆われた祭壇や美術品のような美しい宗教画の神聖な雰囲気に心を落ちつけることができます。

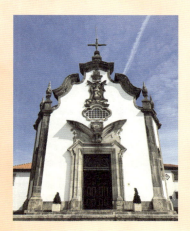

CHAPTER 3 ❖ Camino Português ポルトガル　85

Camino Portugués
HISTORIC CHURCH

✙

Igreja da Misericórdia
ミゼリコルディア教会

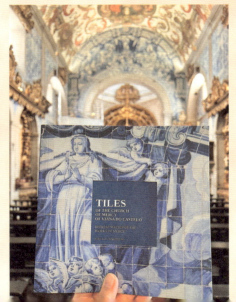

16世紀に建てられた教会内部は外からは想像もできない圧巻の美が広がっています。祭壇の金彫刻や壁一面を覆うアズレージョ、マヌエル・ゴメスによる天井のフレスコ画などため息がでる美の競演！じっくりと時間をとって見学したい場所です。内部のアズレージョのコレクションは写真集として受付で販売しています。巡礼中荷物を増やしたくないけれど、ポルトガルのアズレージョの世界観を帰国後も楽しめるとっておきの宝物に。

CHAPTER 3 ❋ Camino Português ポルトガル 87

1.部屋から見える絶景は宝物　2.色とりどりの朝食は絶景を眺めながら

― 天使の絶景に恋するポサーダ ―

POUSADA DE VIANA DO CASTELO
ポサーダ・デ・ヴィアナ・ド・カステロ

天使が舞い降りる街を見守るように建つポサーダ。
このポサーダの魅力は誰もがきっと恋に落ちてしまう感動の絶景！
ポサーダのどこにいてもロマンチックなリマ川の景色が広がっています。
パステルカラーのインテリアで統一されたレストランでは
光り輝くサンタルチア大聖堂の絶景を眺めながら食事を楽しむことができます。
可愛い部屋のテラスからは宝石箱のような夜景を独り占め。
カフェ利用だけでもぜひ訪れておきたい場所です。
ずっと眺めていても飽きない絶景に心震える滞在が待っています。

3.レストランはミントグリーンのインテリア　4.ラウンジからも美しい絶景が広がっています
5.テラスから見るサンセットは心震える瞬間！

Camino
ごほうび
ポサーダ

Mount of Santa Luzia

6. ラウンジに置かれていたのはYAMAHAのピアノ♪
7. 重厚なポサーダのエントランスに迎えられて
8. パステル調のレストランは明るい光が差し込む空間に
　天気の良い日にはテラス席でのランチもおすすめ

絶景が楽しめるラウンジは
ピンクのファブリックで可愛い♡

9. ピンクのインテリアが可愛いラウンジ
10. パステル調のインテリアのツインルーム

CHAPTER 3 ❀ Camino Português ポルトガル　89

～ポルトガルの手仕事を探して～
恋人たちのハンカチ

ポルトガル北ミーニョ地方に伝わる可愛い手仕事"恋人たちのハンカチ"。
遠い昔、婚約の際「愛のポエム」を刺繍してプレゼントする風習がありました。
刺繍のモチーフにはそれぞれ大切な意味が込められています。
花には"愛の世界"、ハトは"恋人の優しさ"、ハートは"愛の扉を開く"
それぞれに思いを込めた柄を刺すのがポイントなんだとか。

Procurando lenços de amantes

最新デザインはコロンとした文字が人気

めずらしいカラフルな枠がポイントに

CHAPTER 3 ❈ Camino Português ポルトガル 91

緑に囲まれた美しい街並みが
広がっています

アズレージョが美しいチャペル

美しい中世の橋は
サンティアゴへと続く巡礼の道

世界中から巡礼者が訪れる

城壁の一部が残された場所にはレストランが並びます

✤ 中世巡礼路の聖地ポンテ・デ・リマ
Ponte de Lima

ヴィアナ・ド・カステロからカミーノ"海岸の道"へ進むこともできますが
私たちは川沿いからセントラルの道へ戻りポンテ・デ・リマへと向かいました。
カミーノポルトガル巡礼路の宿場町として栄えた巡礼者に人気の美しい街。
リマ川にかかるローマ橋を渡るといよいよカミーノらしい緑深い森に入り
ポルトガルの道で難所といわれるルビアインスの峠越えが待っています。

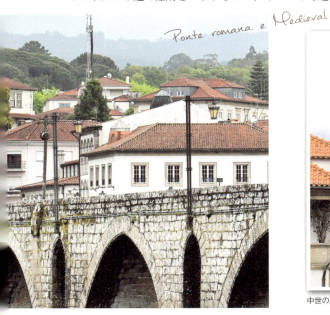

Ponte romana e Medieval

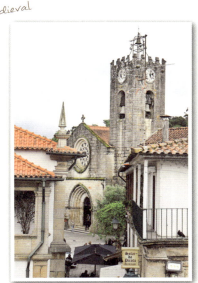

中世の建物が残る歴史ある街

Lucky symbol Double rainbow!

Camino Português
HISTORIC CHURCH

Igreja de Santo Antonio da Torre Velha
サン・アントニオ・トッレヴェーリャ教会

ブラガからサンティアゴ・デ・コンポステーラに進む旧ローマ・アントニーナの道沿いにあるこぢんまりとした教会。正面のファサードは美しいポルトガルのアズレージョで覆われバロック様式の建築で荘厳な雰囲気につつまれています。幼子イエスを抱いた聖アントニオの美しい肖像画や教会の前の「Bom Caminho」という言葉が刻まれた巡礼者の像も見逃せません。

Igreja matriz de Santa Maria dos Anjos
マトリス・デ・サンタマリア・ドス・アンジョス教会

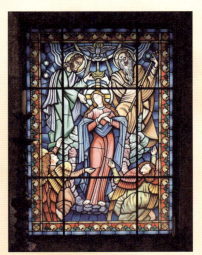

街の中心にあるゴシック様式の教会。中はとても広く見所が多いので時間をとって訪れたい場所です。正面玄関のバラ窓や天井の美しいステンドグラス、鐘楼の柱面には歴史あるアズレージョの作品があり建築だけでも見所満載。石造りの内部は訪れると平穏で安らぎに満ちた静かな時間が持てます。この街で宿泊する場合はここで巡礼者ミサも受けることもできます。

PARÓQUIA DE
Santa Maria
dos Anjos
PONTE DE LIMA

CHAPTER 3 ✳ Camino Português ポルトガル　95

ポンテ・デ・リマ ➡ ルビアンイス　21km

美しいポンテ・デ・リマの街をでて中世の橋を渡ると
いよいよ自然の中を歩く心地いい "緑のカミーノ" に入ります。
この辺りから森の中を歩いたり峠越えもでてきて緑豊かな自然の道が続きます。
ルビアンイスの峠越えはポルトガルの道の中で難所といわれる区間。
小さな村を歩く道もいいけれど、いよいよ巡礼路らしくなって
歩くことに集中できる静寂のカミーノに心が癒される時間が始まります。

ポンテ・デ・リマの名物おじさんのお店で
手づくりの巡礼ホタテをゲット！

観光では訪れることのない村を歩き
森へと入っていく道は最高に気持ちいい！

峠越えの途中にあった十字架。巡礼
者が石を並べていくのがルーティン

地図を持たずに歩いている森の中で
心の頼りになるのは黄色い矢印！

畑で採れた
葉野菜は
夕食に♡

ルビアンイス村で泊まったステキな宿♪
Quinta das Aguias

ルビアンイス ➡ ヴァレンサ　21km

　　ルビアンイスからヴァレンサまでは絵画のように美しい自然のカミーノ。
　　川の流れる音や鳥の声を聞きながら、キラキラと輝く木漏れ日の中を歩きます。
　　神聖な森の中で一度ハートが開くと次々と歓びが目の前に現れ
　　歩くだけで"気づき"と"浄化"が起こり心と思考が整っていきます。

巡礼中可愛い花を見つけて
写真を撮る時間も楽しい

ポルトガルの合言葉は
BOM CAMINHO！

カミーノポルトガルの道の道中は
ずっとゴツゴツした石畳。地味に足にくる……

5月のカミーノはあちこちに可愛い花が♪
どの家のお庭も可愛くて癒されます

アルベルゲの前にあった標識にはゴー
ルまでの距離が表示されて力になる！

森へと続く道はワクワクする！
緑の中をただまっすぐに進んでいく

ポルトガル最後の街
ヴァレンサの美しい教会へ

城壁の街バレンサまであと少し！
ポルトガルもこの街でついにお別れ

バレンサの街に入るとリュックを背負
った巡礼者が増えてきた

PORTUGAL ➡ SPAIN
歩いて国境を越える

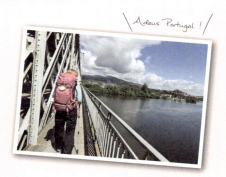

Adeus Portugal！

　　　ポルトガル最後の街は、美しい城壁に囲まれた古都ヴァレンサ。
　　ミーニョ川にかかる国境橋の向こうはスペインのガリシア州トゥイ。
　　300mほどの距離ですが「 徒歩で国境を超える 」という貴重な体験ができます。
　　　たかが数分のことなのに、スペインに入った途端天気が急変！
　　　　バケツをひっくり返したような大雨にあうのでした。
　　カミーノでの声がけも"Bon Caminho"から"Buen Camino"へ。
　　国が変わり、時刻が変わり、言葉や文化も天気までもガラリと変わる。
　　　　　旅ではこういう違いを肌で感じながら
　　　　新しい世界や価値観に触れることができるから面白い。

Puente
Internacional

98

CHAPTER 4

Camino Portugués
スペイン

大聖堂に導かれる中世の街トゥイ
TUI

スペインのガリシアに入り最初の街"トゥイ"。
細い路地が入り組んだ迷路のような中世の街。
旧市街の丘に建つ荘厳なカテドラルを中心に
カミーノの神秘的な雰囲気が漂う巡礼地です。
この街から聖地サンティアゴまでは残100kmほど。
気軽にトライできるスタート地点として人気で
学生や団体ツアー旅行者が一気に増えてきます。
ポルトガルの静かで落ち着いた巡礼の旅から
多くの巡礼者で賑やかなカミーノが始まります。
サンティアゴで巡礼証明書を発行するためには
ゴールまで残り100Km地点のトゥイあたりから
クレデンシャルに毎日2つ以上のスタンプを
押していることが条件となっているので忘れずに。
街をでると緑豊かなガリシアらしい森に入ります。
癒しのカミーノで自分と向き合う時間を楽しんで。

ゴシック様式の美しいファサード

美しい中世の巡礼の街トゥイには
カミーノサインが至る所に隠れています。
黄色い矢印やモホンを追いかけて
世界中から巡礼者が集まる巡礼の聖地。
見所も多くアルベルゲも充実しているので
この街でゆっくり過ごすのもおすすめです。

美しい旧市街を歩く巡礼者

ガリシアに入ってから増えたモホン

黄色い矢印と巡礼者のモニュメント！

CHAPTER 4 ❈ Camino Portugués スペイン　*101*

Camino Portugués
HISTORIC CHURCH

Catedral de Tui
トゥイ大聖堂

重厚なゴシック様式のファサード彫刻が美しいカテドラル。建築はもちろんのこと荘厳な装飾が美しいバロックオルガンや17世紀のバロック彫刻の聖歌隊席も必見。美しい庭園、歴史を感じる回廊や塔からのからの眺めも素晴らしい。併設の博物館は見所が多くゆっくり見学したい場所です。時間をとってゆっくり博物館を回る場合、有料のガイド付きツアーを利用するのもおすすめです。

Monxas Clarisas
クラリサス教会

修道院の中にある小さな教会。外観はシンプルですが、内部にはサンティアゴ・デ・コンポステーラのオブラドイロのファサード作者である"ドミンゴ・デ・アンドラーデ"によって設計された美しい装飾の祭壇があり必見。修道院では100年前のレシピで作られるアーモンドフィッシュをお土産に。

CHAPTER 4 ✹ Camino Portugués スペイン 103

1.荘厳なトゥイ大聖堂の絶景　2.クラッシックな雰囲気のラウンジ

―― 中世のお城で特別なひとときを過ごす ――

PARADOR DE TUI
パラドール・デ・トゥイ

歴史を感じる中世の街トゥイの丘に建つのは
ガリシア地方で"パソ"とよばれるこの地方独自の邸宅パラドール。
旧市街向きの一部の部屋には広々とした絶景テラスが併設され
美しいミーニョ川と荘厳なトゥイ大聖堂の景色が目の前に広がります。
テーブルセットも置いてあるので部屋のテラスで食事を楽しむこともできます。
刻々と変化していくガリシアの夕景に心震える時間を楽しんで。
1階のレストランでの食事もおすすめです。
夏はオープンテラス席で夕日を眺めながらガリシア料理を楽しめます。

3.広々とした専用テラス　4.手入れの行き届いた美しいパティオ

Camino
ごほうび
パラドール

Elegant Atmosphere

5. 美しいパラドールのエントランスに迎えられて
6. 明るく開放感のあるダイニングルーム
7. 朝食にはたっぷりのフルーツが並ぶ

↑ ガリシアの緑に癒される時間♪

8. ガリシアの絶景広がるテラス付きダブルルーム
9. 広々とした緑が美しい広大な庭園

CHAPTER 4 ❋ Camino Português スペイン　105

Buen Camino!
おいしいカミーノ旅ごはん

旅での楽しみといえばその土地ならではのご飯を食べること。
巡礼では小さな村をいくつも越えるため各地の食文化を楽しむことができます。
カミーノ・ポルトガルの道は日本人の口に合うメニューが豊富！
ありがたいことに毎日美味しいご飯(お米)を食べられるしパワーがでます。
スペインのガリシア地方に入ってからはピンチョスやシーフードなど
ポルトガルとはまた違った美食の数々が並びます。
ワインの種類も豊富で食の楽しみ満載の巡礼旅になったのはいうまでもありません。
毎日25kmほど歩いていると自分でも驚くほどの食欲になり
山盛りポテトに豪快に盛られたお肉など驚きの量でもペロリといけるのです。
1番美味しかったものは？？と聞かれたら、道中ピクニック気分でいただく
"お手製ボカディージョ"だったりするのだけれど。
自然の中で食べるボカディージョは間違いなく巡礼の味ナンバー1！

Arroz de Marisco

ポルトガルのリゾットと鱈フライは最高の組み合わせ！

Pimientos de Padron

何度もリピしたパドロンペッパー！

What is Menu Peregrino?

ペレグリーノ
メニューてなぁに？？

巡礼路沿いのレストランでは巡礼者割引のあるメニューを出しているお店がたくさんある。お財布にもやさしい巡礼メニューは、前菜・メイン・デザートにワインやビールなどが付いて10ユーロ前後。ボリュームたっぷりでお腹も心も満腹になること間違いなし！

やさしいスープで
心まであたたまる♡

フレッシュサラダは
ビタミン補給にぴったり！

忘れられない巡礼の味！
お手製ボカディージョ！

Delicious Spanish Pinchos!

朝食は道中のバルでパンとカフェ・コン・レチェの組み合わせ

スペインでは絶品ピンチョスを♡

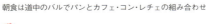

Deliciosa comida de viagem do Camino

Vieras a la gallega

Pulpo a feira

ホタテのグリルは絶品中の絶品！！！

ガリシア名物の茹でタコ "プルポ"

Hojaldre de crema♪

ドン！と盛られたお肉
巡礼中はパワーつけないとね

ポルトガルでは
焼き魚のメニューもある！

スィーツは
甘さひかえめで◎

CHAPTER 4 ✲ Camino Português スペイン　107

トゥィ ➡ オ・ポリーニョ　18km

お守りの石

モホンのおかげで迷わない

中世の街トゥィを抜けると、黄色い矢印やモホンに沿って自然豊かな道が続きます。緑のトンネルをくぐり観光では訪れることのない絵本のような可愛い村をいくつも越え、小鳥たちのさえずりや小川のせせらぎに耳を傾けるカミーノ。森の中ではハートいっぱいに深呼吸して森林浴。目の前に差し出される一瞬一瞬を五感で楽しみ、じっくり感じて味わうカミーノのならではの魅力がつまった道。

突然の雨はポンチョでカバー

Ponte medieval do Louro

黄色い矢印とバラのコラボ

巡礼者のモニュメントと中世の橋

カフェがないので水を忘れずに！

森の中では矢印に守られている

ガリシアの緑に包まれる森の中、葡萄畑やユーカリの香りに癒される美しいカミーノ。巡礼者も途切れることがなく道に迷うこともありません。最後の分岐点を過ぎると牧歌的な風景を眺めながら小さな街オ・ポリーニョへ！

Hórreo

森のカフェPONTE DAS FEBRESにある古い高床式倉庫のオレオ

Casa do Concello of O Porriño

オ・ポリーニョの街

CHAPTER 4 ✹ Camino Portugués スペイン　109

O Porriño → Arcade
オ・ポリーニョ → アルカデ　23km

コカコーラの看板にもカミーノ！

オ・ポリーニョからは多くの巡礼者が歩く

のどかな美しい田舎道を進んでいく

オ・ポリーニョをでると多くの巡礼者であふれ遠足気分。可愛い家々の村を通り松林を抜け緑豊かな自然のカミーノへ。1時間ほど歩くと小さな集落モスに入ります。カフェやアルベルゲがあり朝食とったり休憩する巡礼者で賑わっています。小さな修道院もありスタンプをGet。

自転車での巡礼も楽しそう

自転車での巡礼者も多い

モスのお土産屋さんでは巡礼グッズが売られている

美しい修道院はぜひ訪れてみて

110

緑豊かなガリシアの田舎と鉄道

カミーノグッズを売っている露店を覗くのも楽しい♪

モスをでるとアップダウンのある道が続き緑深い森から集落へ。ガリシアの森はユーカリやハーブの香りが濃く森林浴が本当に気持ちいい！森を抜け坂道を降りると大きめの街レドンデラにでます。この街では宿泊する巡礼者が多く宿はすぐいっぱいに。あと少しアップダウンのある道を歩き、ビーゴ湾の美しい景色を眺めながら海沿いの小さな港町アルカデに行くのもオススメ。

最後の急な下りは巡礼者でいっぱい！

レドンデラで見つけた巡礼者のモニュメント

鉄橋橋が街の上を走るレドンデラの街

この日の宿は美しい港町アルカデに決定

CHAPTER 4 ❊ Camino Portugués スペイン　*111*

中世の巡礼路が残る美しい港町アルカデ
ARCADE

ポルトガルの道を歩く巡礼者にとって必ず通る小さな港町。
ポンテサンパイオを結ぶ美しい古代ローマの橋を中心に
観光地化されていない古い街並みが広がっています。
各家庭の庭にはこの地方独自の高床式倉庫"オレオ"が並び
カラフルな花々で彩られた中世の石造りの家々が美しい。
カミーノから少し外れ、村を抜けるとヴィーゾ山の頂上に
12世紀に建てられた優美なソウトマイヨール城もあります。
オポリーニョから歩く巡礼者はレドンデラに宿泊しますが
アルカデまで来ると設備が整ったAirbnbなどの宿泊施設が多く
混雑することなくゆっくりと過ごせるのでおすすめです。
牡蠣の生産でも有名な村なので絶品シーフードレストランが多く
ガリシア名物のプルポやホタテのグリルはこの村で食べると◯。
4月の最終週にはオイスターフェスティバルも開催されます。

橋を渡るとオレオが並ぶ美しい街並みへ

どのお家も花で彩られて可愛い

お庭には色々なデザインのオレオ！

Ponte Medieval de Pontesampaio

Recommend

RESTAURANTE ¡QUEDAMOS!
Rúa Rosalía de Castro, 26,
36690 Soutomaior,
Pontevedra.

絶品シーフードレストランの中でも
ここは何を食べても美味しい！
とくにホタテのグリルは絶品です。
テラスでビールとともにお試しあれ！

Buen Camino!

CHAPTER 4 ❈ Camino Portugués スペイン   *113*

アルカデ ➡ ポンテベドラ　18km

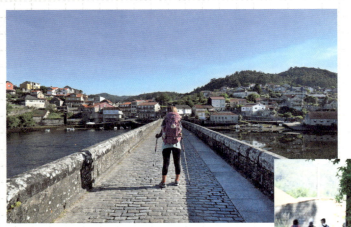

この日は中世の橋を渡ってスタート！

黄色い矢印を追いかけて

中世の橋を渡りポンテサンパイオの村へ進むと可愛い家々を眺めながら村の中を歩きます。1時間ほどで癒しの森に入るとこのカミーノは音楽の道？と思うほど、道中いろんな演奏が迎えてくれます。ガリシアの楽器ガイタ（Gaita）といわれるバグパイプ、妖精たちの音楽、カミーノの歌など森の中を歩きながら音楽や遊びにつつまれる神秘のカミーノが続きます。岩場の登りがあったり体力的にもハードな箇所も。

ガイタの音色に癒されてね♪

真っ青な空とクロセイロ

巡礼者の想いがつまったホタテが飾られている

のぼりが続き体力が必要！

ガリシアの矢印はわかりやすい

美しい緑に囲まれる道が続く

後半は緑が美しい森の中を進みます。道中に緑の
オープンカフェがいくつかあり森林浴をしながら
カフェタイムができるご褒美のような時間！軽食
もあるのでここでランチを楽しんでも◎。屋台の
お店やスピ占いなどもありゲームのようなカミー
ノで楽しい！森の中を抜けると最後の分岐点。
左へ進むとのどかな小川の流れる自然の道へ、右
は国道沿いを歩き30分ほどでポンテベドラの街
が見えてきます。

森林の中のカフェは癒しの時間

シダーの香りに包まれる道

森の中で妖精のような音色♪

CHAPTER 4 ❋ Camino Portugués スペイン __115

✤ 聖母ペレグリーナの祝福を受ける巡礼の街ポンテベドラ

Pontevedra

緑の清々しい森を越えてやってきた街ポンテベドラ。
歴史ある建造物が建ち並ぶガリシア地方最大の都市。
中世のお屋敷パソや荘厳な教会など見所が多く
久しぶりの都会で街歩きをゆっくりと楽しめます。
旧市街にはおしゃれなレストランやバルが並び
長旅でのつかの間のリフレッシュにぴったりの街。
夜のバル街では多くの巡礼者で盛り上がっています。
旧市街の中心には美しい宮殿パラドールもあります。
巡礼者を祝福するために建てられた聖地の教会では
毎晩巡礼者のためのペレグリーノミサが行われ
ミサの最後には巡礼の安全を祈り祝福を受ける
カミーノブレッシングを体験することができます。

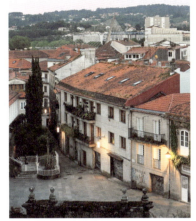

うっとりする街並みの旧市街

自然のカミーノから一気に都会に入り
賑やかな雰囲気に最初は戸惑いながらも
その美しい中世の街並みに感動します。
巡礼だけで通り過ぎるのは勿体ない。
この地域にはパソと呼ばれる古い邸宅も多く
壮大な庭園や中世の建築を見学できます。
アルベルゲやレストランも充実しているので
数日滞在し観光を楽しむのもおすすめです。

ゴシック建築をバックに美しい藤の花

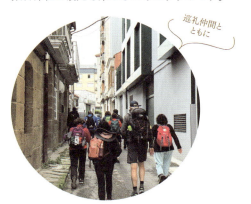

巡礼仲間とともに

CHAPTER 4 ✹ Camino Portugués スペイン　*117*

Camino Portugués
HISTORIC CHURCH

Iglesia de la Virgen Peregrina
ペレグリーナ教会

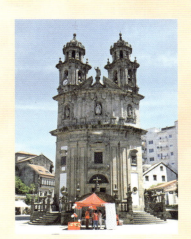

18世紀後半に建てられたバロック様式の教会。ポンテベドラのシンボル的存在で巡礼者の聖地としてとして人気のスポット。名前にもなっているペレグリーナは「女性巡礼者」を意味し、ポンテベドラの守護聖母が祀られています。建物が巡礼のシンボルであるホタテの形をしている珍しい教会としても有名。毎晩19時半から巡礼ミサを受けることができます。

教会で売られている巡礼お守りの石

Iglesia de Santa Maria la Mayor
サンタ・マリア・ラ・マヨール教会

16世紀、船乗りのギルドによって建てられたゴシック建築の教会。聖母マリアに捧げられた壮麗な正面のファサードが迎えてくれます。栗とクルミの木で作られた主祭壇の祭壇画は、サンティアゴ・デ・コンポステーラの彫刻職人たちによって制作されたもの。南扉の左には安全のキリスト像があり旅の安全を祈りに巡礼者が多く訪れます。螺旋階段で大聖堂の塔へのぼると美しいポンテベドラの街が一望できます。

Peregrinos

en camino

1.エレガントな宮殿の雰囲気にうっとり　2.入口には重厚なパラドールの看板

エレガントな中世の貴族の館で珠玉の滞在

PARADOR DE PONTEVEDRA
パラドール・デ・ポンテベドラ

中世の街ポンテベドラの旧市街中心にある石造りの豪華な邸宅パラドール。
街を散策するのにどこへ行くにも便利な立地にあります。
16世紀の伯爵邸だったルネサンス建築の宮殿を改装し
どの部屋からも宝石のようなポンテベドラの街並みが広がる豪華な滞在。
美しいエレガントな雰囲気が魅力のパラドール。
レストランではガリシアのワインとともに食事を楽しむことができます。
手入れの行き届いた庭園ではのんびりとガリシアの空気を感じながら
巡礼の疲れを癒す素晴らしい時間を過ごせます。

3.テラスではガリシアワインを楽しんで　4.明るい日差しが入るツインルーム　5.上品な雰囲気のレストランで朝食を

Camino
ごほうび
パラドール

Beautiful Medieval city

6. 重厚なパラドールのエントランスに迎えられて
7. 部屋から眺める宝石箱のような街並み
8. 豪華な真紅の絨毯が設えられた階段

9. ゆったりした時間が流れるサロン
10. 庭園を眺めるダイニング

静かな空間で読書を楽しむことも

CHAPTER 4 ❋ Camino Portugués スペイン *121*

~CAMINO MAGIC~
カミーノでの不思議なミラクル

カミーノ巡礼では毎日摩訶不思議なことが起こります。

こんなところで？そんな思いがけない場所で偶然の再会。
カミーノエンジェルからの心温まる優しさ。
信じられないようなタイミングで夢だったことが目の前に差し出されることも。

日常生活の中でも「偶然」「たまたま」なんてことはよくあるけれど
カミーノでは言葉で説明できないスケールでの不思議な体験が日々起こります。

巡礼中のそんなミラクルをみんなこう呼んでいます。

"カミーノマジック"

カミーノを歩いたことのある人なら
誰もがきっと経験している
普通では考えられないミラクルなこと "カミーノマジック"。

それは目に見える体験だけではありません。

自分の中で抱いていた問いの答えが突然降りてくることもあります。
それは出会った人を通して言葉で受け取ることもあれば
たまたま目に入った看板や絵の中にメッセージとして現れることも。

五感が冴え渡り体感として感じること
閃きという形で降りてくることもあります。

カミーノに来る前バケットリストに書いたことは全て叶います。
それも全く想像もしていなかった形で。

私自身たくさんのカミーノマジックに出会いました。

"ヨーロッパのステキな教会でパイプオルガンの演奏を聴く"

訪れた教会でドアを開けて入った瞬間、突然オルガン演奏が始まり
ステキな教会でオルガンを聴くという夢はあっさりと叶い
それどころか荘厳な教会の中でオルガンを「聴く」だけではなく
人生初のパイプオルガンを「弾く」という夢も同時に叶いました。

そして偶然にもブラガの街に滞在した日には
数年に一度の国際オルガンフェスティバル開催の日に当たるというミラクル。
ステキなオルガンコンサートに行くことができました。

"民族衣装のパレードやお祭りを見る"

たまたま宿泊することになった街では一年に一度のお祭りに遭遇。
タイミングよく宿についた1時間後にパレードが始まり
なかなか見ることのできないパレードが宿の目の前を通るというミラクルも。

また、巡礼スポットの教会を見学し出口をでたら
まさかの目の前で民族衣装のパレードをやっていたというミラクルもありました。
数秒、数分違っていたらきっと見ることができなかったでしょう。

出会いや再会も不思議なことがなんども起こります。
ゴールではなぜか再会できなくて残念だなと思っていたら
カミーノとは全く関係のない土地で偶然再会することができたり。

他にもここには書ききれないほどのミラクルな毎日。

カミーノはただ歩くだけの巡礼の道ではなく
何かとてつもない強烈なパワーにつつまれている道。

毎日、ハートの声に向き合い五感をフルに感じ歩くことで
目の前に不思議な奇跡のカミーノマジックが現れるのかもしれません。

CHAPTER 4 ❀ Camino Portugués スペイン *123*

Pontevedra → Caldas de Reis
ポンテベドラ → カルダス・デ・レイス　23km

黄色い矢印に沿って進みます

フォトスポット！聖ヤコブの看板

中世の街ポンテベドラをでて1時間ほど歩くと、ポンテカブラスの交差点に突き当たります。この場所がセントラルルートとスピリチュアルルートに分かれる分岐点。ここからどちらの道を歩くかは自分次第！分岐点を右に進むとセントラルルートへと入ります。（スピリチュアルルートの詳細はP134で紹介します）

ベビーカーで赤ちゃんと巡礼する女性もいる！

ガリシアの緑に包まれるカミーノ

分岐点となるポンテカブラスの交差点

可愛いチャペルでスタンプをGet！

ユーカリの森へと入っていく

分岐点を右に進むと静かな絵本の中のような風景が続きます。美しい教会を過ぎると森の緑につつまれる静寂のカミーノへ。土の感触を足でしっかり感じながら歩く時間は気持ちのいいアーシング！森を抜け線路沿いを歩くとバロの村へ。ここにはカフェが数軒あるのでランチをするのも○。のぼりが続き森の中や葡萄の棚下やのどかな田舎道を進むガリシアらしいカミーノに癒されます。いくつか村を越えてカルダス・デ・レイスに到着！

カフェを見つけたら休憩を取ろう！

線路沿いに続くカミーノ

葡萄棚の中を歩く美しいカミーノ

CHAPTER 4 ❀ Camino Portugués スペイン　*125*

※ ローマ時代の温泉地カルダス・デ・レイス
Caldas de Leis

温泉療養リゾート地として古くから人気の場所で
ゆったりした時間が流れるカルダス・デ・レイス。
ウミア川の流れる美しい静かなこの街には
本格的なスパが受けられるリトリート施設や
足湯など癒しのスポットが数多くあります。
カミーノポルトガルの道セントラルも後半に入り
足や身体の疲労もあちこちにでてくるころ。
巡礼の合間のパワーチャージにぴったりの街。
カテドラルやパソと呼ばれる中世の邸宅も点在し
見所が多いので数日滞在するのもおすすめです。
アルベルゲは少ないけれどAirbnbなどの宿が多く
洗濯機やキッチン付きの部屋でリラックスできる。
川や滝へのトレッキングコースもいくつかあり
自然の中でゆったりとした時間を過ごすのもいい。

巡礼者のモニュメントがあちこちに

Fonte termal das Burgas

人気のリトリート施設では温泉もある

パン屋さんもカミーノ！

Ponte romana do río Bermaña

ウミア川の流れる自然豊かな温泉リゾートで癒しの時間を

地元の人たちも温泉を楽しんでいる

CHAPTER 4 ✻ Camino Portugués スペイン　127

Caldas de Reis → Padrón

カルダス・デ・レイス → パドロン　18km

村に入る道には手づくりの黄色い矢印

美しいチャペルでスタンプをGet！

澄み切った空気のカルダス・デ・レイスの街を進みローマ橋を渡ると舗装された国道沿いを田舎道に入っていく。なんて美しい風景が広がっているんだろう！ガリシアの小さな村々を通り絵本のような世界を歩くカミーノ。この辺りは各家庭にオレオがあってそれぞれデザインが違うので見比べるのも面白い。集落と森の中を繰り返し五感いっぱいこの瞬間を感じながら歩く道。小川の流れる音、水面の輝き、草原の緑の香り、風、全てが美しく目の前に輝いている。

感動の景色を眺めながら歩くカミーノ

花々に囲まれた美しい道を進む

絵本のような景色に感動！

教会の鐘をならす地元の人

森を抜け葡萄畑をひたすら進むと可愛い絵本のような村カンポにでる。教会の鐘の音が響く中、村の人たちがあたたかく迎えてくれる。その先にはカフェが点在しているので休憩を。しばらく日陰のない舗装道と田園地帯が続き森へと入ります。このルートはポルトガルの道の中でも感動の景色と森林の香りに癒される美しいカミーノでした。個人的にいちばん心に残っています。

地元の人との交流も楽しんで

カフェでは世界中からの巡礼者と楽しい時間♪

日陰のない道は体力を奪われていく

カフェを見つけたら迷わず休憩！

葡萄畑を抜けるとパドロンまであと少し

CHAPTER 4 ✤ Camino Português スペイン　129

✳ 星に導かれた聖ヤコブ伝説の地パドロン
PADRÓN

サール川が流れるほとりの静かな街パドロンは
エルサレムで殉教した聖ヤコブの亡骸を乗せた船が
星と天使に導かれ流れ着いたとされる街です。
その船を係留したという伝説の石がパドロンの
サンティアゴ教会の祭壇に納められているのです。
聖ヤコブが初めて布教活動をした場所でもあり
"カミーノが始まった地"として中世の時代から
重要な巡礼地となり多くの巡礼者が訪れています。
その他にも聖ヤコブにまつわる見所がいくつかあり
パドロンのサンティアゴ教会でスタンプをもらったら
聖ヤコブが教えを説いた丘 "Monte Santiaguino" へ。
それらを巡るとこの地オリジナルのクレデンシャルや
ペドロニアという巡礼証明書を発行してもらえます。
パドロンからサンティアゴまでは残り30kmほど。

中世から続く歴史のある巡礼路

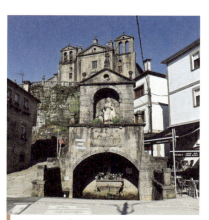

カルメンの泉
聖ヤコブがこの場所で杖を3回叩き奇跡的に水が湧き出したという伝説の泉。
中世から多くの巡礼者がこの聖なる湧き水でのどを潤してきた場所。

神聖な雰囲気が漂うパドロン

CHAPTER 4 ❀ Camino Português スペイン　*131*

1.重厚なエントランスを抜けて　2.落ち着いたラウンジスペース

― 聖ヤコブの聖地でスピリチュアルな滞在 ―

OS LAMBRANS
オス・ランブランス

巡礼の聖地パドロンから2kmほど歩いたカミーノ上にあるB&B。
重厚なドアを開けると石造りの建物と緑あふれる美しい庭園が広がります。
リラックスした雰囲気と静かでスピリチュアルな滞在が魅力の宿。
周辺には地元の人たちにも人気の自然豊かなハイキングコースがあり
サイクリングやウォーキングを楽しんでリラックスできます。
ディナーは事前に予約する場合のみ対応可能でテラスでいただくこともできます。
朝食はフルーツたっぷりのステキなテーブルコーディネート。
自分と向き合う静かな環境で緑に囲まれリフレッシュするのにぴったりの宿。
旅好きスタッフとの会話もこの宿の楽しみのひとつです。

3.木のぬくもりあふれるくつろぎスペース　4.お庭にある歴史を感じるオレオ　5.庭園を眺めながら自分時間を

Cute table coordinate

6.適なツインルーム
7.庭園を眺める朝食ルーム
8.フルーツたっぷりの朝食

9.ラウンジではスタッフと旅の話をしよう
10.お庭ではヨガや瞑想で整う時間

リラックスするのに
ぴったりの宿

CHAPTER 4 ❀ Camino Portugués スペイン 133

~Variante Espiritual~
神秘のスピリチュアルルート

ポンテカブラスからスタートする"スピリチュアルルート"。
メインのセントラルルートから外れるため巡礼者の数が一気に減ります。
神秘的な森を越え、南仏のような村、海辺の絶景を眺めながら歩く静寂のカミーノ。
港町ヴィラノヴァ・デ・アロウサからは神聖な巡礼ボートに乗り
聖ヤコブの遺体が運ばれたという伝説のトラスラティオルートを通ります。
道中には波動の高いパワースポットで人気のアルメンテイラ修道院や教会があり
森の中では静かに自分と向き合う時間を持つことができます。
スピリチュアルな数日間を過ごすことができる特別なカミーノです。

Spiritual Monastery

Pontecabras — Poio — Combarro — Armenteira — Villanova de Arousa — Pontecesures — Padron

Healing Nature

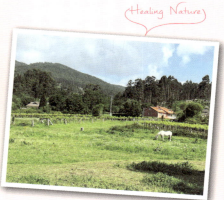

134

Variante Espiritual
Pontevedra → Combarro

ポンテベドラ ➡ コンバーロ　8km

街をでて1時間ほどはセントラルルートを歩く

スピリチュアルルートに
入るとサインも変わる

ポンテベドラからセントラルルートを歩く巡礼者と
同じ道に沿ってしばらく歩きます。
ポンテ・ド・ブルゴ橋を渡り清々しい緑のトンネルを
1時間ほど歩くと、突きあたりに分岐点の村
ポンテカブラスがでてきます(P135MAPの赤丸印)。
ここから9割の巡礼者は右のセントラルルートへ。
スピリチュアルの道は左へと進んで行きます。

分岐点には
大きな
看板が目印

美しい中世のクロセイロが多い

シダやハーブの林を抜けて

美しいサン・ペドロ・デ・カンパーニョ教会

静かでのどかな美しい景色の中を歩く

巡礼スポットのポイオ修道院

スピリチュアルルートに入るとサインも変わります。林の中を抜け小さな村を通りすぎるとユーカリの香りに包まれる神秘的な森へと入ります。深呼吸しながら歩くカミーノは最高のアーシング。森を超えると美しい修道院のある村ポイオへ。いくつか可愛い村を通り海岸沿いを進んでいくとオレンジ色の家々が輝く海辺のリゾートコンバーロ村に到着です。

海沿いを歩くカミーノ

オレンジ色の家々が可愛いコンバーロ

この看板が見えてきたらあと少し！

CHAPTER 4 ❁ Camino Portugués スペイン　*137*

✤ 心ときめくオレンジ色の港町コンバーロ

Combarro

絵本のようなオレンジ色の家々が建ち並ぶ
海辺の小さなリゾート地の村"コンバーロ"。
旧市街はまるで南仏の村を歩いているような
華やかで可愛らしい街並みが広がっています。
この美しい村にぐっと彩りを添えているのは
中世から続く石畳とこの地方独自の穀倉オレオ
歴史を刻んできたクルセイロ（十字架像）です。
オレオはコンバーロの村だけでも60台もあり
そのうちのいくつかは内部見学もできます。
海岸沿いにはシーフードレストランが並び
巡礼の合間にゆっくり過ごしたくなる雰囲気。
この村を過ぎると"スピリチュアルルート"
最大の難所である峠越えが待っています。

花々で彩られた路地裏散策が楽しい

コンバーロには港町ならではの
美味しいシーフードレストランが並び
海を眺めながらゆっくりと過ごせます。
大通りにはコンパクトなホテルもあり
旧市街にもペンションが数件あります。
アルメンテイラまで一気に歩かず
この町でのんびりとリラックスして
余裕を持って進むのもおすすめです。

Cruceiro

中世に建てられたクロセイロ

この看板が見えてきたらあと少し！

この地方独自の
オレオ

CHAPTER 4 ❊ Camino Portugués スペイン　139

Variante Espiritual
Cambarro → Armenteira

コンバーロ → アルメンテイラ　13km

南仏のような村とお別れをして

少しずつ山を登ると美しい絶景！

アルメンテイロ前に巡礼者用無料ドリンクスポット！

比較的平坦な道が続く"スピリチュアルルート"の中で、コンバーロからアルメンテイラへの峠越えは唯一の難所。村をでて山へ入ると終わりの見えない登りがしばらく続きます。サインも少なく、見つけたとしても消えかかっている……。巡礼者も減り誰もいなくなった森の中ではお試しのような試練がいくつもやってきて自分との闘いの道。カフェはないので村で水と行動食を準備しておきましょう。

前半はちらほらと巡礼者がいた

緑豊かなガリシアの山道を登っていく

消えかかった黄色いサインだけが頼りになる

神聖なユーカリの森は浄化の道！

深い緑に癒されるカミーノ

道に迷いながら進むカミーノ。そこには自然と自分と向き合う時間ができます。杉やユーカリの森の香りに癒され自分自身を見つめ浄化するための神秘的なパワーを受け取るルートです。峠越えを終えた頃には新しい自分に生まれ変わったような晴れやかな気持ちに。そうして村に降りるとご褒美のような高い波動に包まれるパワースポット"サンタ・マリア・アルメンテイラ修道院"が出迎えてくれます。

次の峠を越えたらゴールだよ！

延々と続く緩やかなのぼりが一番キツイ

終わりの見えないどこまでも続く道

馬の群れとばったり遭遇

やっと現実世界に戻ってきた！

CHAPTER 4 ❖ Camino Portugués スペイン　*141*

❖ 高い波動に包まれるアルメンテイラ
Armenteira

道に迷いながら峠を越えた先に待っていたのは
水の豊かな緑あふれる美しい村アルメンテイラ。
この村には神聖なパワースポットとして人気の
サンタ・マリア・アルメンテイラ修道院があります。
建物内に入ると一瞬で厳かな空気につつまれる
心が浄化され高い波動にふれる聖域のような場所。
スピリチュアルルートのハイライトともいえます。
修道院にはリトリート用の施設も併設されていて
巡礼者は予約不可ですが当日空きがあれば宿泊可能。
近隣の村にもいくつか宿泊施設が点在しているので
一泊してゆっくりと過ごすことをおすすめします。
今までの人生を振り返り新しい自分に生まれ変わる
"魂の洗濯"をするのにぴったりの静かな場所。
修道院では毎晩19時から巡礼ミサも行われます。
カミーノブレッシングをぜひ受けてみてください。
平穏で心が震える感動の時間が待っています。

緑が美しいアルメンテイラの村

Spiritual Healing village

~Camino Blessing~
カミーノブレッシング

巡礼中訪れる教会や修道院では巡礼者のための巡礼ミサ"ペレグリーノミサ"が行われます。神父さまから一人ひとりに巡礼の安全を祝福していただく特別な時間。教会の中に響き重なり合う厳かな歌声は心の奥深くに入っていきます。心と魂そのものが洗われるような神聖な儀式。まるで中世の祈りの場にタイムスリップしたような不思議な感覚になります。

CHAPTER 4 ❋ Camino Portugués スペイン　143

Variante Espiritual
Armenteira → Vilanova de Aroussa

アルメンテイラ ➡ ヴィラノヴァ・デ・アロウサ　24km

美しいアルメンテイラ村

アルメンテイラのステキなB&B
Casa Carballo de Prado 1900

宿で可愛い朝食をいただいて

アルメンテイラの村をでてポンテアルネラスまで地元の人たちのハイキングコースにもなっているRuta da Pedra e da Auga（石と水のルート）を歩き、川のせせらぎと緑に癒される美しい自然のカミーノが続きます。緑に癒されながら水車小屋や葡萄畑を通り身も心も蘇る時間。森を抜け海沿いの爽やかな風を感じながらヴィラノヴァ・デ・アロウサへ。

巡礼のお守り貝殻をもらった！

Ruta da Pedra e da Auga

緑と水に癒されるルート

木漏れ日の中を進んでいく

橋を渡るとヴィラノヴァ・デ・アロウサ

144

Vilanova de Aroussa → Padrón

ヴィラノヴァ・デ・アロウサ ➡ パドロン　28km

ボートの時間まで可愛い村を散策

美しい教会もあるステキな村

小さな巡礼ボートに乗って出発！

Pilgrims Boat ticket

ボートは事前予約しておこう！

ここから巡礼者ボートに乗り聖ヤコブの亡骸を乗せた船が辿ったと言われるサール川をボートで進んで行きます。トラスラティオルートと呼ばれる神聖な道で貴重な体験を。ボートでポンテセスレスの街へ着くと数キロ歩いたら巡礼の聖地パドロンに到着です。"スピリチュアルの道"はパドロンで"セントラルルート"と再び合流します。

この道を進むと巡礼の聖地パドロンへ

聖ヤコブのゆかりの地を巡る

CHAPTER 4 ✤ Camino Portugués スペイン　145

Padrón → Santiago de Compostela

パドロン → サンティアゴ・デ・コンポステーラ　30km

パドロンで
聖ヤコブの
お守りGet！

最終日も教会へ立ち寄ってご挨拶

ガリシアの石畳の道を歩く

緑に囲まれて休憩Time

パドロンの街をでるとのどかな田園風景の広がる村々を進みます。ガリシアらしい家やオレオを眺めながら歩くのが楽しい道。カミーノ最後の1日を大切に歩きたい。国道や線路沿いを通り、7kmほど進んだところに荘厳なエクラビチュード教会が出てきます。ここでスタンプをもらったら坂をのぼり牧歌的な風景の広がる緑が心地いいカミーノへと入ります。最終日のカミーノも素晴らしい景色に感動が続きます。

Igrexa da Escravitude

この辺りのオレオは大きく立派なものが多い

エクラビチュード教会のファサード

ここから美しい景色広がるカミーノへ

絵本の中の世界を心に焼き付けて歩く

葡萄棚のカミーノ！秋に歩きたい！

葡萄畑や田園風景広がる美しい景色を進むカミーノ。本当に気持ちのいい癒し時間！最終日もなかなかハードなのぼり！ガリシアらしい緑の道を森の香りにつつまれながら歩きます。長い巡礼の旅も残り20kmほどでゴール。村を越え、線路を越えると遠くにカテドラルが見えてきます。あと少し！嬉しいような、さみしいような不思議な気持ちと一緒にラストウォーク！

後ののぼりのルートを進む！

のぼったご褒美に
ステキなカフェ♪

カミーノサインと頑張ってきたバックパック

感動のゴール！

CHAPTER 4 ✳ Camino Portugués スペイン　*147*

Plaza Obradoiro

❋ 祈りと感動の聖地！サンティアゴ・デ・コンポステーラ

Santiago de Compostela

長かった聖地巡礼の旅クライマックスの地サンティアゴ・デ・コンポステーラ。
路地から大聖堂の塔が見えた瞬間の感動は今でもずっと忘れることができません。
長旅を終えた巡礼者を迎えてくれるのはバグパイプの音色が響くオブラドイロ広場に
建つ中世の面影を残す圧倒的な佇まいのカテドラル。
大聖堂の神聖なエネルギーにつつまれる広場は
感動の再会を果たした人たちであふれています。
巡礼達成の喜びと再会を涙で分かち合う時間は
これからの人生にパワーを与えてくれるはず。
重い荷物を降ろしたら大聖堂の巡礼ミサへ。
ボタフメイロの香りと天使の歌声につつまれる
祈りと感謝と感動の時間が待っています。

巡礼旅のお供のバックパック

バルが立ち並ぶ旧市街

オブラドイロ広場に鎮座する大聖堂

感動を
ありがとう！

Camino Hint

オブラドイロ広場では毎日夜の22時からガリシア音楽の野外ライブが行われてます。深夜まで盛り上がるのでぜひ訪れてみて♪

CHAPTER 4 ✲ Camino Portugués スペイン　149

HISTORIC CHURCH
Camino Portugués

CATEDRAL SANTIAGO de COMPOSTELA
サンティアゴ・デ・コンポステーラ大聖堂

世界遺産にも登録されているオブラドイロ広場にある巡礼の聖地サンティアゴ・デ・コンポステーラ大聖堂。主祭壇はチュリゲラ様式といわれるガリシアバロックの豪華絢爛な装飾で埋め尽くされています。巡礼の最終日にはこの場所で巡礼ミサが執り行われます。荘厳なカテドラルにオルガンの音色が響き渡り、歌声と重なりあう厳かな雰囲気は魂に響く感動です。巡礼を終え全てへの感謝の気持ちがあふれてくる瞬間。神聖な"ボタフメイロ"は一生に一度は体験しておきたい感動の儀式。ミサの後は地下にある聖ヤコブのお墓に参り、主祭壇の裏にある聖ヤコブ像に後ろから抱きつくようにして感謝の祈りを捧げるのも巡礼者のルーティンです。

CHAPTER 4 ✤ Camino Portugués スペイン 151

巡礼の聖地でバル巡り

旧市街にはガリシア地方ならではの
美食のバルが並び
多くの巡礼者たちで盛り上がります。
手軽に入れる活気あふれるおすすめバルをご紹介。

1. グラスにたっぷりのワイン！
2. 入口は小さいけれど店内は広い
3. カウンターとテーブル席がある
4. ガリシア風白味魚のトマト煮込み
5. 美味しそうなピンチョスが並ぶ♡

Tapas Petiscos do Cardeal

ディナーの前にサクッと立ち寄れるタパスバル。
カウンターにはその日のおすすめピンチョスが
ズラリ！ワインもなみなみと注いでくれる。
夜になるとテーブルもカウンターもいっぱいで
外にまで立ち飲みする人たちであふれる人気のバル。

SEXTO II

シーフードが美味しいガリシア料理レストラン。
テラス席は昼間から人であふれている。シーフードの盛り合わせや
イカ墨パエリヤなど巡礼仲間とシェアするのがちょうどいいサイズ。
夜はすぐに満席になるので早めがベター。

6. 地元の人たちにも人気のお店
7. ガリシア風パエリアは大人数で　シェアする大きさ！
8. テラス席は昼間から賑わっている

オリジナルクラフト
ビールが◯！

9. ホタテのソテーも美味しい
10. ガリシア風ホタテの
　　オーブン焼きは絶品！
11. クラフトビールの種類も豊富！
12. 大きな貝殻が目印！
13. 落ち着いた雰囲気の店内

Meson A'Charca

テーブル席でカジュアルに楽しめる
ガリシア料理レストランレストラン。
ホタテのグリルやオーブン焼きなど店内の炭火で
目の前で焼いてくれるのでどれも香ばしくて美味しい。
ビールやワインの種類も多くゆっくりと楽しめる。

1.部屋へと続く廊下にはうっとりする美術品の数々　2.エキゾチックな雰囲気の館内

― 聖地のエネルギーを感じる憧れのパラドール ―

PARADOR DE SANTIAGO
HOSTAL REIS CATOLICOS

パラドール・デ・サンティアゴ・オスタル・レイス・カトリコス

聖地サンティアゴ・デ・コンポステーラを代表するオブラドイロ広場。
その場所に堂々と建つのは"一生に一度は泊まりたい"憧れのパラドール。
プラテレスコ彫刻が美しいエントランスを抜けると広い館内はまるで宮殿のよう。
かつて巡礼者のための王立病院として建てられた館内には当時の回廊が今も残され
まるで中世にタイムスリップしたような滞在が魅力のパラドール。
500年の歴史と大聖堂からのパワーとエネルギーを正面から受ける場所で
巡礼の最後にふさわしいにまさに生まれ変わりの滞在を。

3.迷路のように長い廊下が部屋まで続く　4.歴史ある回廊は中世にタイムスリップ　5.朝食は広場を眺める特等席で

Camino
ごほうび
パラドール

6. 美しいファサードのエントランス
7. レストランではガリシア料理を
8. フルーツたっぷりの朝食でビタミン補給

Canopy twin bed room

9. クラシックなインテリアのツインルーム
10. ここから宿泊者のみ通ることができる回廊へ

豪華なエントランスが出迎えてくれる♪

CHAPTER 4 ✦ Camino Portugués スペイン　155

巡礼の宝物コンポステーラ
COMPOSTELA

巡礼のゴールとなるサンティアゴ・デ・コンポステーラに到着したら
歩いてきた証として巡礼証明書（コンポステーラ）と距離証明書を発行してもらおう。
数百キロ巡礼して歩いてきた記念になるし思い出として。
このために歩いたわけではないとはいえやはり嬉しいものです。
発行の条件として最低でも100km以上を徒歩や馬などで巡礼していること
自転車の場合は200km以上走って巡礼していること。
（ポルトガルの道ならトゥイの街から歩くのが最短ルートになります）
クレデンシャルに毎日2つ以上のスタンプを押していることも必須条件。
無事巡礼証明書をもらったらオフィスの隣にあるチャペルへ行こう。
自分自身と周りへの感謝＆感動がこみ上げてくる場所です。

巡礼オフィスへは早めにGo！

最後の最後までミラクル！
受付番号が999＆1000番！！！

Codex Calixtinus

チャペルでは感動がこみ上げてくる

大聖堂をバックに
記念撮影

一生の宝物！
コンポステーラ

お気に入りのデザインを
見つけてみて♡

Camino Hint

証明書はクリアファイルには入らない変形サイズのためボックスが必要になります。
巡礼オフィスで購入できますが近くのお土産屋さんではステキなデザインのボックスも売られています。せっかくの記念なのでお気に入りをGetしよう！

Epilogue

心と向き合う時間が多かったカミーノ巡礼の旅。

どんな時も流されず、本当は「今」どうしたいのか？
丁寧に自分自身に問いかけることや
ハートの声に従って進む大切さを改めて感じる時間でした。

出会う人や不思議な体験を通して
本当に大切なものを思い出させてくれるカミーノ。

人生の節目や自分と向き合いたい時に、ぜひ歩いてみてください。
きっと大きな答えを見つけることができると思います。

このような機会をくださったKanKanTrip編集の池田雪さん
ワクワクするデザインを手掛けてくださったデザイナーのタダミヨコさん
ステキな紙面に仕上げてくださったDTPの黒木留美さん
そして、関わってくださったみなさまに心から感謝申し上げます。

本当にありがとうございました。

そして、なによりもカミーノ巡礼という奇跡の道を共に歩き
時には踊り、歌い、お腹を抱えて笑い、泣きながら
宝物のような時間を過ごした旅の相方かすみんに、心からありがとう！

あなたと過ごしたカミーノでの時間は、一生の宝物です。

この本が誰かの新たなきっかけになれば嬉しいです。
また次の旅でお会いしましょう♪

Buen Camino!

YUKA
Voyage PHOTO & ATELIER SALON
Travel Photo Writer
www.voyagephoto.jp

イギリス留学中に経験したひとり旅をきっかけに
旅の面白さに魅了され世界中を旅するように。
とくに東ヨーロッパ方面の中世の街並み
教会巡り、民族衣装、手しごとに惹かれ
カメラ片手に旅をしながら撮影を続けている。
旅先でのさまざまなインスピレーションをもとに
セレクトショップ " Fatima Journey " 運営。
旅本やコラムの執筆、旅イベントや写真展など
さまざまな形で " 旅 " の魅力を発信している。

著書
Bon Voyage！世界に恋する旅時間（KanKanTrip24）
モロッコ 邸宅リヤドで暮らすように旅をする（KanKanTrip18）
I LOVE MOROCCO（メディアイランド）
I LOVE EUROPE 女ひとり旅（プレスセブン）

KanKanTrip26
Buen Camino！聖地サンティアゴ巡礼の旅 ポルトガルの道
2024 年 12 月 25 日　第 1 版第 1 刷発行

著 者	YUKA
発行者	池田雪
発行所	株式会社書肆侃侃房（しょしかんかんぼう） 〒810-0041　福岡市中央区大名 2-8-15-501 TEL 092-735-2802　FAX 092-735-2792 http://www.kankanbou.com　info@kankanbou.com
写 真	YUKA 山内城司（Voyage PHOTO & ATELIER SALON） P150 ©Fundación Catedral de Santiago
編 集	池田雪
ブックデザイン	タダミヨコ
ＤＴＰ	BEING
MAP デザイン	KAORU
線画イラスト	久保沙絵子
カリグラフィー	根岸香津代
取材協力	Catedral de Santiago / Centro Antiquario do Alecrim CASTELBEL / A VIDA PORTUGUESA / LIVRARIA CHAMINE DA MOTA
SPECIAL THANKS	Kasumi Ichikawa / Koji Nishimura / Yuko Higashi / Haruki Shimokoshi
印刷・製本	シナノ書籍印刷株式会社

©YUKA 2024 Printed in Japan
ISBN 978-4-86385-650-9 C0026

落丁・乱丁本は送料小社負担にてお取り替え致します。
本書の一部または全部の複写（コピー）・複製・転訳載および磁気などの記録媒体への入力などは、著作権法上での例外を除き、禁じます。